保险
销售沟通口才
训练手册

案例
实操版

黎 娜◎编著

中国铁道出版社有限公司
CHINA RAILWAY PUBLISHING HOUSE CO., LTD.

图书在版编目（CIP）数据

保险销售沟通口才训练手册：案例实操版/黎娜编著. —北京：
中国铁道出版社有限公司，2021.3
ISBN 978-7-113-27503-7

Ⅰ.①保… Ⅱ.①黎… Ⅲ.①保险业务-销售-口才学-手册
Ⅳ.①F840.41-62

中国版本图书馆CIP数据核字（2020）第250078号

书　　名：保险销售沟通口才训练手册（案例实操版）
BAOXIAN XIAOSHOU GOUTONG KOUCAI XUNLIAN SHOUCE（ANLI SHICAOBAN）
作　　者：黎　娜

责任编辑：吕　芡　　　编辑部电话：（010）51873035　　　邮箱：181729035@qq.com
编辑助理：张秀文
封面设计：宿　萌
责任校对：焦桂荣
责任印制：赵星辰

出版发行：中国铁道出版社有限公司（100054，北京市西城区右安门西街8号）
印　　刷：三河市兴达印务有限公司
版　　次：2021年3月第1版　2021年3月第1次印刷
开　　本：700 mm×1 000 mm 1/16　印张：12.75　字数：184千
书　　号：ISBN 978-7-113-27503-7
定　　价：59.00元

前　言

古人云：口者，心之门户，智谋皆从之出。这句话的意思是嘴（语言）是心灵的门户，人们心中的谋略都是通过它来实现的。在现代社会，一个人若想友好地与人沟通交往，表达能力极为关键。作为一名保险销售员，更是需要以情动人，说服客户根据自己的实际情况进行保险购买。

但是在现实生活中，并不是每一位销售员都能灵活使用好这把开启自信之门的金钥匙。有的人一碰到客户说话就磕磕绊绊，语无伦次；有的人即便口若悬河、滔滔不绝，也始终无法打开客户的心扉；当然还有的人在销售最为关键的时刻，因为一句不当的话顿时引得客户火冒三丈。那么如何才能练就说话之道呢？这些全都可以通过后天习得。

通过本书，你可以训练自己：

怎样做自我介绍让客户印象深刻？

怎样说话能够消除客户的戒心？

怎样表达能给客户留下一个好印象？

怎样提问可以挖掘到客户的需求？

怎样交流可以活跃彼此谈话的氛围？

怎样介绍能让保险产品获得客户的认可？

怎样的语言技巧才能打消客户心中的疑虑？

怎样三言两句就能促使客户在最短的时间内签单？

怎样沟通才能让客户变成自己的"回头客"？

……

总之，这本书涵盖了保险销售从开始到结束的各个阶段，由点到面、由面到全，为销售员提供了各种情境下的沟通口才技巧。同时，为了便于读者理解，该书以"口才训练＋口才训练解读＋口才训练要点＋规避错误"的结构呈现，全方位、多角度地为读者展示每一个沟通技巧。全书语言生动形象、通俗易懂，彻底摆脱传统枯燥的说教模式，保险销售员在实际工作中可随时借鉴应用，真正做到"现学现用"。

古人云，法与时移而禁与能变。最后要提醒大家的是，本书所描述的销售情景里的沟通口才技巧虽然具有很大的借鉴意义，但是千万不可在实际使用过程中生搬硬套，懂得根据实际情况灵活变通，才能使自己的口才发挥最大的作用。

黎　娜

目　　录

第一章　给交谈一个好的开始

良好的开端是成功的一半。保险销售员要想给自己的销售活动开一个好头，就需要好好发挥口才的功力。通常来说，刚开始的自我介绍、客套话、开场白以及化解客户拒绝的沟通口才技巧至关重要，只有把这些做好，后续的销售活动才会顺利很多。下面，本章将围绕这些内容为大家介绍一些相关的沟通口才训练技巧和销售策略。

口才训练1：顺利约到客户面谈的秘诀

保险销售员："您好，王女士吗？"

客户："是，您是？"

保险销售员："王女士您好，我是××公司的小宁，您的孩子今年1周岁了吧？"

客户："是的。"

保险销售员："恭喜您有一个健康的小宝宝，您此前为宝宝购买过理财产品吗？"

客户："还没有，有什么理财产品？"

保险销售员："是这样的，我们公司最近推出了'安吉尔'成长计划，只要每年缴纳一定的费用，等宝宝上学时，就可以领取一大笔教育金，大大减轻您的经济压力，而且保单还有22种重大疾病保障和意外保障。"

客户："好麻烦啊，您能给我个资料看看吗？"

保险销售员："好的，您的邮箱是？"

（两天以后）

保险销售员："王女士您好，我是小宁，原先联系过您，您现在方便讲话吗？"

客户："方便。"

保险销售员："我给您发了一份'安吉尔'成长计划的资料,您看完了吗？"

客户："看了看,不是很清楚。"

保险销售员："那这样,您今天下午还是明天下午有时间？我过去给您解释一下吧。"

客户："不用了吧,我不一定买。"

保险销售员："王女士您不必担心,这是我的工作,您买不买都没有关系,就权当交个朋友。您看我今天还是明天过去合适呢？"

客户："那明天下午吧。"

口才训练解读

说话技巧三分靠天生,七分靠训练。很多保险销售员面对客户时老是怕讲不好。要知道,经验是逐渐累积的,只有迈过心理上的坎儿,才能赢得客户的信任。口才训练中的销售员成功的原因有两个：第一,对不是很熟悉的客户,他没有第一次就请求约见,第一次交谈的客户常常会有很强的戒备心,如果多沟通几次,建立起一定的信任感后再约见,情况会好很多；第二,在客户说不用时,他说"这是我的工作""您买不买都没有关系"等打消了客户的顾虑。成单切忌心急,有些单子需要慢慢引导,知道保险的好处后客户才会买账。

口才训练要点

如何顺利地约到客户？保险销售员需要注意以下几个要点。

1. 先取得对方信任

诚信为立身处世之本。不论哪一行业都是如此,尤其是在保险这一行业。要想将保险销售出去,最基本的前提就是先通过真诚地沟通取得对方的信任。

2. 说话速度不宜太快

有的人在与客户沟通时说话速度很快，可是客户如果不是你的亲朋好友，不熟悉你的语调和用词，往往会造成听不清楚或听不明白的情况，也容易给客户留下强势的感觉。

3. 多问问题，让客户说话

说得多不如问得好，在与客户沟通时，想要抓住客户的心理，明白客户到底是怎么想的，就要多问问题，让客户发表意见，然后再从中判断客户的需求。

4. 确定拜访的日期、时间

首先，时间不能定得太远，时间太远不容易趁热打铁，客户购买欲望会逐渐消退。其次，在与客户约定时间时，最好定两个日期让客户选择，"二选一"法比较容易确定准确的时间，而不让客户再次拖延。

规避错误

1. 客户："好麻烦啊，你能给我个资料看看吗？"

保险销售员："一点都不麻烦，要不我现在就过去找您吧！"

保险的条款比较多，很多客户觉得麻烦会选择拒绝；但是，不要为了成单而在没有建立信任前就约见，这样客户拒绝的概率很大。

2. 客户："不用了吧，我不一定买。"

保险销售员："这个保险特别好，非常适合您！"

很多客户对保险持有偏见，在不了解时，他们一般在心里是抗拒的，因此，不要直接销售，先打消客户疑虑才是正确的策略。

口才训练 2：说个漂亮的开场白

作为历史上第一位一年内销售额超过 10 亿美金的寿险大师，甘道夫销售时的出场方式充满智慧、别具一格。

一次，甘道夫去拜访一个工厂的老板。不过他去的时候除了自己的名片和一个黄色的笔记本外什么都没带。进了老板的办公室后，甘道夫把名片递给这位老板，对他说：

"目前，市场上有许多保险从业人员和财务顾问，因此，我认为您应该知道我的行业背景。您从我的名片中可以看到，我是百万圆桌协会的终身会员，这是寿险业的最高荣誉，在全世界众多的寿险业务员中，只有几千人具有终身会员的资格。"

工厂老板听完后，点了点头，甘道夫接着说：

"我名片上 NQA 代表所有与我合作的客户中，有超过 90% 的人至今还在与我合作，这种长久的密切合作关系，我会一直保持下去，我也会随时留意他们的状况。CLU 则代表我持有人寿保险从业员的资格证。另外，我还是天主教的成员，在许多场合我作过无数场有关人寿保险的演讲。"

这个很有特色的开场白让甘道夫成功俘获老板的信任，这位工厂老板不仅从他这里买了巨额保单，而且还为甘道夫介绍了许多客户。

销售之初，客户的心犹如一扇关闭的大门，要想让他们打开心扉，激发起了解的兴趣，就得推陈出新，善用有创意的开场白吸引客户的注意力，这是顶尖保险销售员必须掌握的技巧。口才训练中销售员甘道夫的开场白就很有创意，他采用递名片的方式告诉客户自己以往辉煌的历史，让客户了解了自己的来历，了解了自己优质的服务和对合作者负责任的态度。虽然这种开场白有自我炫耀的成分，但却充分突出了自己的优势，打消了客户的疑虑，赢得了客户的信任。

口才训练要点

要想成为优秀的保险销售员，首先你要把开场白说得富有新意。这样才能让客户眼前一亮，从而更有兴趣了解你所销售的产品。下面的开场白就是一个很好的范例。

销售员："先生，您好！打扰一下，请问您是××保险公司的客户吗？"

客户："你是哪位？"

销售员："我是××保险公司的理财顾问。"

第一种回答：

客户："我不是。"

销售员："先生，看您的形象气质这么好，我还以为您是我们公司的客户。这是我的名片，以后有什么需求尽管找我，我会竭诚为您提供最优质的服务。"

第二种回答：

客户："我是。"

销售员："先生，感谢您对我们公司的支持，请问您买的是什么险种，年交保费多少？"

赞美的话人人都喜欢听，采用赞美式的开场白可以快速赢得客户好感，从而为销售开启一个良好的开端。

当然，在说开场白时，为了不让客户感到突兀，销售员还可以谈谈双方都熟悉的第三方。中国人讲究交情，每个人都有"不看僧面看佛面"的心理，同时也都很依赖和信任自己熟悉的人，所以双方都熟悉的第三方可以帮助销售员接近客户。比如，"是您的朋友王先生让我与您联系的，他说您最近有买保险的打算……"

此外，销售员在说开场白时还可以适当地引用一些数据，比如"您每个月拿出 800 元，平均下来就是每天 27 元。用这笔钱来购买一份保险，在您缴纳第一笔保费后，您就可以拥有 50 万元的保障；在 15 年期满之后，您每年还可以领到 3 万元，这样您的晚年生活就有一个很大的保障了。"这样的开场白很好地凸显了产品的价值，可以将客户的注意力有效引导到自己所销售的产品上来。

规避错误

保险销售员在客户面前切忌过于紧张、拘谨，或者表现平平，这样很难吸引客户的好奇心和注意力。当然，你所选择的开场话题最好与客户的利益、兴趣相关，否则很难引起客户的共鸣。

口才训练 3：讲讲客套话没坏处

口才训练

徐阳最近想给自己买一份商业保险，于是保险销售员小斐便把他约在了一家茶馆，打算为其推荐一份合适的险种。两人见面后简单寒暄了起来。

小斐："徐先生，您好啊！把您约出来，耽误了您一些时间，实在抱歉。"

徐阳："小斐，你别这么说，你这不也是为了帮我吗？"

小斐："您客气了，这是我的工作嘛。很高兴为您服务。"

徐阳："谢谢你。"

小斐："徐先生，我想问您一下，您买保险是为了储蓄还是为了理财，您的需求不同，我给您推荐的保险类型也不一样。"

徐阳："那你分别给我介绍一下这两类保险的具体情况吧。"

小斐："储蓄型保险是保险公司设计的一种把保险功能和储蓄功能相结合的保险，如目前常见的两全寿险、养老金、教育金保险，除了基本的保障功能外，还有储蓄功能；而投资理财保险就是既能够帮您投资理财又能给您提供保障的保险，如分红险、万能险和连投险等。"

徐阳："我已经在单位上了社保，其中就包括了养老保险，如果再买一份储蓄型保险的话，岂不是浪费钱了吗？"

小斐："其实社保和商业保险并不矛盾，二者相辅相成，互为补充。社保只能给您基本的保障，它的保额很低，如果您想让您的晚年生活水平高一些的话，那么选择养老保险是最好的。看咱们聊得这么投缘，我还是建议您买养老保险，因为您也是初踏入社会，工作年限不长，经济条件并不是很宽裕，而这时候想着买养老保险说明您保险意识还是很强的。关于投资理财保险，您可以先了解一下，等您手头宽裕了再买也行，假如您现在买的话，相对来说有一定有压力。"

徐阳："那我考虑考虑吧。现在很多人都觉得保险不太重要，没必要花那个冤枉钱，你们的工作也不好做吧，你的保单卖了多少张？"

小斐："还可以吧，我对这个行业比较乐观有信心。一路走来，真的很感谢那些老客户的支持和信任，他们不仅自己从我这儿买了保险，而且还热情地把自己的亲朋好友介绍给我认识。承蒙大家厚爱，我信心百倍，更加会事无巨细地服务好每一位信任我的客户。"

徐阳：（老客户愿意给他转介绍，说明这个人还是很靠谱的！）

口才训练解读

成功销售产品，离不开销售员高超的语言技巧，当然这里的语言技巧包括对说话尺度的把控。在销售活动中，客套话必不可少，但是要恰如其分地说好客套话也不容易。口才训练中小斐就是一位使用语言的高手，他一方面认真、耐心地介绍着保险产品，另一方面又把客套话说得炉火纯青、恰到好处，给客户留下了一个非常良好的职业形象的印象。

口才训练要点

销售离不开沟通，沟通离不开客套话。说客套话的目的就是为了和客户套近乎，拉近彼此的距离，为销售开一个好头。不过保险销售员说客套话时要注意把握适可而止的原则，防止说过多的客套话让客户觉得虚伪、浮夸和迂腐。同时，过分的自谦也会让客户对销售员的工作能力以及产品产生怀疑，从而不愿意接受他所销售的保险。

常用的客套话包括贵姓、久仰、有请、恭候、恭喜、拜托、劳驾、难为、破费、赐教、承让、对不起、谢谢、眼拙、恕、屈尊、薄礼、打扰、失陪、海涵、怠慢、慢走、留步等。对于这些客套话，销售员首先要清楚其使用的语言环境，其次还要把握好使用的频次，恰当地利用好这个感情的催化剂，走好销售的第一步。

保险销售员在说客套话时需要注意当时的语言环境以及客户的年龄、性格和喜好，谨防张冠李戴、词不达意，最终引起客户反感，使其不愿接受你销售的保险产品。

口才训练4：向客户做个精彩的自我介绍

规避错误

口才训练一

客户："请问你的职业是什么？"

保险销售员："我这个工作还真挺特别的，既能帮人理财，又能在别人困难时，雪中送炭，施以资金援助。您猜猜我是做什么工作的？"

客户："根据你所说的这些，你是推销保险的吧？"

保险销售员："张姐您慧眼如炬，一下子就看出了我的职业。我想请教您一个问题，您平时都喜欢哪些休闲活动呢？"

客户："到礼拜天了我们带女儿去她爷爷奶奶家住两天，然后自己抽空去培训班学学电子商务方面的知识。"

保险销售员："您真厉害，工作那么忙还不忘给自己'充电'，真的好佩服您的毅力。您家里有几个兄弟姐妹？"

客户："呵呵。我们那个年代出生的人吃苦长大的，家里孩子多，3个姐姐，1个弟弟，大人可不惯着。"

保险销售员："那她们现在的工作怎样？"

客户："我的姐姐们，有的是银行职员，有的是老师，有的是医生，我弟弟自己开了一个店面。"

保险销售员："她们的工作都挺不错的嘛！"

客户："还行吧，普通人的生活而已！"

保险销售员："您和您的姐姐、弟弟联系得多吗？"

客户："各自成家后，大家都忙着自己的工作和家庭，根本没空联系，只有逢年过节的时候才能聚一聚。"

保险销售员："那您平时有什么理财规划吗？"

客户："其实我也没有什么好的理财规划，每个月攒下的钱都存起来了。"

保险销售员："那您买过保险吗？"

客户："人生在世，不如意事十之八九，为了保险起见，我也买过。"

保险销售员："张姐，您的保险意识还是挺强的，那您一年大概交多少保费？"

客户："大约 12 000 元吧！"

保险销售员："您能告诉我您当初买保险的原因吗？"

客户："作为家里的一分子，我们上有老下有小，担负的责任可不轻。我买了保险，就是想万一哪天我发生了什么情况，保险也能保障我爸妈和孩子的生活。你说是吧？"

保险销售员："您真是一个贤惠善良的好女人啊！"

客户："你过奖了！"

保险销售员："假如现在有一个项目能够为您合理理财，既能帮助您家人获得更完善的保障，又能给您带来更多的收益，您有兴趣了解一下吗？"

客户："你不妨给我说说。"

保险销售员："就是我们公司的分红型寿险。"

客户："这个险种要存多久才能分红呢？"

保险销售员："15 年，您现在是 30 多岁吧，大概到您 50 岁时就能领到红利了，这一款寿险的费用是每年缴纳 12 360 元，5 年期满之后，您每年就能拿到 16 800 元的保险分红。您说这是不是一个一本万利的理财规划呢？"

客户："听起来不错啊。"

……

口才训练二

小赵是××保险公司的销售员。前半年，他和一家著名的建筑公司的总经理签订了一份保险合同。这家建筑公司是当地的纳税大户，社会影响力非常大，很多企业都希望与这家公司合作。有了这家建筑公司这面大旗，小赵每拜见一位客户都会"狐假虎威"地做一番自我介绍。

小赵："邱先生，您好，我是××保险公司的理财顾问小赵。"

邱先生："哦？这个保险公司我好像没怎么听说过。"

小赵："没听过不要紧，您知道××建筑公司吧？"

邱先生："那可是业界有名的商业大鳄啊，谁人不知谁人不晓。"

小赵："确实，它的实力的确非常强大。不过我们公司已经拿下了他们公司的保单，而且还与他们建立了长期合作关系。"

邱先生："看来你们也很不简单啊，能说服他们公司的李经理投保，真是不容易啊！李经理可是出了名的刺儿头，满世界挑刺，眼光很高，他能选择和你们合作，那说明你们公司确实有实力。"

小赵："其实每一个保险公司都应该以客户的利益为出发点，××公司之所以选择在我们这儿投保，主要是因为我们制订的保险计划以他们公司的利益为主，根据他们公司的发展特点提供了一些有用的建议，并且始终为他们提供细心周到的服务。"

邱先生："听说最近他们公司所在的施工地点发生了一起大型事故，好多工人都身受重伤，你们保险公司赔了一大笔钱呢。"

小赵："是的，我们为他们公司挽回了很多损失。邱先生，您是不是也考虑为您的企业买保险，这样您企业的员工在面临风险时也会得到更好的保障。当然，您个人也可以购买理财保险，这能让您的钱生钱。我们公司的险种丰富，覆盖了企业的常规经营风险，在关键时刻能弥补您很多的经济损失。邱先生，既然您相信××建筑公司的眼光，为什么不为您的企业也买一份保险，给企业的发展添加一份保障，让企业在发展中能够多一层防护呢？"

邱先生："其实这个问题我也考虑过，但是对于你们那些保险产品一直没有太多的了解。"

小赵："邱先生，要不这样，您再跟我详谈一下公司的发展情况，然后我根据您说的情况给您推荐几款保险，您看怎样？我们的保障工作可不能落在同行后面，您说是吧？"

邱先生："嗯，好的。"

……

口才训练解读

自我介绍是保险销售员首次和客户见面时必须做好的一项工作，有创意的、得体的自我介绍可以加深准客户对销售员的好感和印象，从而为进一步交流奠定良好的感情基础。口才训练一中的保险销售员就是一个自我介绍的高手，当客户询问其职业时，他并没有直接作答，而是故弄玄虚，交代了几个与工作相关的关键词让客户猜，这样一来就充分调动起了客户交谈的兴趣，双方随着这个有趣的话题越谈越投机，最后顺利地引入了产品的销售。

当然，自我介绍的技巧有很多，保险销售员在自报家门时除了增加一些趣味性之外，还可以结合一些知名度较高的第三方以增加客户的认可度。口才训练二中的保险销售员就是利用第三方企业与公司的合作关系，在客户面前进行自我介绍，这样既凸显了公司自身的实力，有利于增强客户对保险销售员的信任度，同时还大大增加了销售活动的成功率。

口才训练要点

1. 突出自己的优势

当客户询问你的职业时，保险销售员可借助公司的力量和威望，提升自己的身份，比如"我是××保险公司的理财顾问。不知道您是否听说过我们公司，我们公司在全国一二线城市都设有分公司，是全国十大保险公司之一。"这样能让客户对你的印象更加深刻。

2. 借助有影响力的第三方把自己推出去

中国有一句古话："不看僧面看佛面。"保险销售员若是能够通过有影响力的第三方（客户的亲友）的转介绍来做开场白，比如："张姐，您好，我是××保险公司的业务员张浩，是您的合作伙伴××让我来找您的。"这样会大大降低客户的排斥心理，客户看在第三方介绍的份上，说话的语气也会变得客气一些。

3. 以知名的公司给自己做"背书"

根据人的社会习性，人们听到有名望、有实力的企业时总会心生敬意，不敢妄言。因此，保险销售员在自我介绍时，可借用第三方著名企业的知名度来获得客户的认可和信任。这样的方法如果使用得当，其销售工作就会更容易取得良好的效果。

规避错误

1. 以过于直白的自我介绍吸引客户

客户每天接触的销售员不计其数，因此，销售员在自我介绍时如果过于直白就会让客户觉得乏味，客户不仅不会把注意力集中在你身上，反而会因为你的职业多生几分厌恶之情。为了加深客户对你的印象，便需要用与众不同的方式开场，以悬念设问，同时给客户一定的提示让其猜测，这样才能起到事半功倍的效果。

2. 自我介绍过于拘谨

自信是赢得客户信任的前提。保险销售员倘若在自我介绍时缩手缩脚、唯唯诺诺，则很容易遭到客户的拒绝。

3. 捏造不存在的事情

有的保险销售员为了让自己脸上有光，故意捏造事实，随意杜撰，等到被客户戳穿时，满脸羞愧，名誉扫地，尴尬异常，因此，不要随意捏造不存在的事情。

口才训练5：从容应对客户的拒绝

口才训练

保险销售员："您好，是张数先生吗？我是××保险公司的李海，能占用您两分钟时间吗？"

客户："不好意思啊，我没有时间。"

保险销售员："谢谢您告诉我，那我下午再打给您。"

客户："我下午还有个培训会。"

保险销售员："哦，那我明天上午再打给您吧？"

客户："我最近都没有什么时间。"

保险销售员："谢谢您告诉我，现在与您见面可能会打扰到您。这样吧，我下周在您公司附近拜访客户，希望能有机会认识您。"

客户："说不定那会我已经出差了。"

保险销售员："没关系，如果您不在，我就留张名片给您。"

口才训练解读

一位65岁的美国老人，他准备兜售独家炸鸡秘方，可是几经辗转，老人都未能如愿将这个秘方卖出去。但是老人没有沮丧，没有止步，经过1 009次被拒绝之后，在第1 010次，终于有人采纳了他的建议，从而也有了如今遍布世界各地的快餐——肯德基。1 009次拒绝才能换来第1 010次的成功，这样的考验在保险销售中随处可见。碰到客户的拒绝，如果保险销售员没有一个良好的心态和得当的语言技巧，那么注定会是一场失败的销售。

口才训练中的保险销售员在约见之初就遭到客户以没时间、开会、出差等为由的频频拒绝，在这种情况下，他并没有放弃，而是以"没关系，如果您不在，我就留张名片给您"收尾，这样应对拒绝的方式既不会让客户感到有压力，又为自己直接登门拜访提供了机会，从而为自己创造了一个销售机会。

口才训练要点

在销售之初遇到客户的拒绝应当如何化解？

1. 先识别客户拒绝理由的真假

客户以某种理由拒绝保险销售员时，一般有两种情况：一种是理由是客观存在的，另一种则仅仅是一个借口而已。这时，保险销售员就需要通过提问的方式辨明其理由的真假。比如，当客户说很忙时，销售员可直接询问客户："大哥，方便告知一下忙什么吗？说不准我能帮上您的忙呢。我现在正好有时间，很荣幸能有机会为您做些事情。"如果客户说出个所以然来，则表明他真的是没时间见你，稍后约个时间就好；但如果客户不愿意透露具体在忙什么，则表明他对你还不够信任，或者对产品的意向程度不高，或者另有其他原因，只是找个理由搪塞你而已。对于这样的客户，保险销售员需要采取其他方式建立彼此间的信任。

2. 退而求其次提出上门服务

当客户真的很忙，并且对保险产品有一定的购买意愿时，保险销售员需要主动创造见面的机会，提供上门服务。当得到客户的允诺后，保险销售员便可运用二选一法给客户一定的选择空间，商谈好双方见面的时间及地点。

3. 先妥协再提出新的更低要求

刚开始销售保险，客户对销售员的信任程度尚未建立牢固，所以销售员要做好被拒绝的准备。当然，这并不意味你只有被动等待的份儿，此时保险销售员不妨多准备五六个要求，把要求按照由难到易的排序一一提出来，这样客户拒绝的次数多了，出于补偿心理，总会满足你一个小小的请求。当然了，客户也有挂断电话的可能，这也不重要，没法电话沟通还可以发短信，只要保险销售员能够坚持下去，相信客户一定会被打动的。

规避错误

在遭到客户接二连三的拒绝之后，很多保险销售员都会失望沮丧、情绪焦虑，甚至直接放弃，其实这是最不理智的行为。拒绝只是一种习惯性的反射动作，一般来说，只有遭遇了拒绝才可以真正了解客户真实的想法，对拒绝的巧妙处理是导入成交的好契机。

销售员一定要把危机当作是自己的转机，尽快使自己从负面的情绪中抽离出来；否则，在负面情绪的影响下，很难理智地化解客户的拒绝。

口才训练6：简单几句话，消除客户的戒心

口才训练

一次，保险销售员小张去李大妈家里拜访。进门后小张和客户简单寒暄了几句后，就迫不及待地开始介绍自己的产品，可是他卖力的介绍并没有起什么作用，数米开外的李大妈一边紧锁眉头，一边用质疑的眼神盯着他，好像在说"你们的保险真的有那么好吗？"

这时，小张意识到自己的失策，立刻停止介绍，环视了一下李大妈的家，发现不远处的茶几上放着好多张戏剧CD，想到平时自己也酷爱这种传统艺术，心中暗喜。

于是，他改变话题，问李大妈："阿姨，您也喜欢听戏曲呀？"一听到戏曲这两个字，李大妈立刻兴奋起来："是呀，怎么，你也有这个爱好吗？"就这样，小张与李大妈关于戏曲这个话题聊了两个多小时。几个星期后，张大妈一口气从小张那里买了两份保单。

口才训练解读

当保险销售员和客户初次见面时，免不了遭遇对方的猜忌、质疑和防备。其实这是很正常的现象，面对自己不熟悉的人或者事物，人都会本能地做好防备。不过，客户拉起了警戒线，非常不利于销售的进一步深入。

销售员要想扫清这一障碍，不妨找一些自己与客户之间共有的话题作为

切入点，有了共同话题的引导，双方才有机会打破彼此间的隔阂。口才训练中的保险销售员小张就是利用戏曲这一共同爱好打开客户心扉，从而促成交易的。

口才训练要点

保险销售员消除客户戒心的沟通口才技巧参考如下。

1. 找寻彼此的共同点

全球闻名的销售及客服专家杰弗里·吉特默曾经说过："如果你找到了与潜在客户的共同点，他们就会喜欢你、信任你，并且购买你的产品。"

的确，喜欢与自己有交集的人相处是人的天性。既然如此，保险销售员不妨把彼此的共同点引入到谈话当中来，比如宠物、植物、家具、兴趣爱好等。这样的谈话有利于客户放松身心，建立对保险销售员的信任。

2. 恰如其分的赞美

客户刚刚接触到保险销售员，对销售员及其提供的产品还不熟悉，所以存有戒备心理是很正常的。为了打消客户的戒心，销售员可以通过仔细观察客户，挖掘其身上与众不同的某个特点，并真诚地加以赞美，以此引起其足够的自豪感。这样一来，双方的距离感就会渐渐缩短，信任感也会逐步建立起来。

规避错误

1. 赞美语言不基于事实，不发自真心

赞美是世界上最动听的语言，也是打开客户心扉的一把利器。但是，销售员在使用时一定要实事求是、发自内心，否则很难让客户相信你，甚至会让客户认为你是在讽刺他。

2. 拍着胸脯打包票，不给自己留后路

这个世界上没有任何事情是绝对的。不过有的销售员不懂这样的道理，为了让客户信任自己，信誓旦旦地说一些没有回旋余地的话，如"我们这款保险产品绝对……""我们公司绝对不会倒闭的！""您以后有什么事儿，我一定随叫随到。"殊不知这样的话销售员越是说得掷地有声，客户越不会相信。

第二章　给客户留下好印象的关键点

作为一名保险销售员，要想做好销售，首先就是要给你的客户留下很好的印象，这样客户才会相信你，愿意与你进一步交流，使得后期的销售做得更加游刃有余！而给客户留下良好的第一印象并不难，说话文明礼貌、简洁凝练、风趣幽默，对客户不吝赞美，语言富有亲和力，站在客户的立场上理解他……若是做到这几点，那么客户对你的好感自然直线上升。

口才训练1：开口就让人喜欢你的礼仪

客户："没看见门口写着'谢绝推销'吗？"

保险销售员："打扰到您真的很不好意思，不过，我今天的任务不仅是销售保险，而且还给您带来了一个增强员工战斗力的方法，您只需要给我3分钟说话的时间，可以吗？"

客户："好，3分钟，你赶紧说！"

保险销售员："您的公司主要负责销售××，却在门口张贴'谢绝推销'的字样，员工每次外出拜访客户时，想到自己也不受客户欢迎，心里得有多难受啊！您要是敞开大门欢迎销售员，说不定他们还会购买贵公司的产品呢！而且您的销售员工看到这样的标语，也会士气大增，干劲十足，您觉得呢？"

客户："哦，有点意思，坐下来咱们接着说。"

保险销售员："好的，谢谢您！"

口才训练解读

在保险销售工作中，文明礼貌用语是销售员的名片，客户由销售员的礼仪而知其修养，产生信任和好感，从而决定是否购买其销售产品。

口才训练中保险销售员在遭到客户拒绝时，并没有恼羞成怒，更没有与其强行争辩，而是非常礼貌地给客户致歉。当然，也正是因为"打扰到您真的很不好意思"这样真挚诚恳的歉意软化了客户谢绝销售的强硬态度。在此基础上，再加上时间限制法的使用，使得保险销售员顺利获得继续销售的机会。后来，销售员的意见得到客户首肯后，他还不忘向客户致谢。如此种种礼仪销售促使销售员赢得了客户好感，从而为几乎不可能的销售活动打开了突破口。

口才训练要点

保险销售员要想给客户留下一个好印象，需要熟练用好各种情景、各种场合下的文明用语。

见面问候语：您好！早上好 / 下午好！见到您真高兴！

接待来客语：请进；请坐；请喝茶；欢迎光临。

求助语：麻烦您帮我；请问；请帮我；请您多指教。

致歉语：不好意思，打扰您了；对不起；非常抱歉，望您见谅。

致谢词：谢谢；麻烦你了；您受累了，非常感谢！

征询语：我能为您做些什么吗？这样会不会打扰您？您还有其他问题吗？请您配合一下好吗？

得到感谢语：别客气；不用谢。

分手辞别语：再见；再会；您路上小心一点。

总之，"请"字当头，"您"字当先，"谢谢"随后，请、赐教、拜读、奉还、恭贺、劳驾、惠赠、高寿、承蒙、多谢、费神、失陪、失言、不敢当、岂敢、不客气、见笑、慢走等文明礼貌用语常记心间，用的时候便可随手拈来。

规避错误

（1）与客户开口说话时，切忌双手插入衣裤口袋、叉腰、交叉胸前或摆弄其他物品。

（2）与客户交流不可整理衣装、拨弄头发、摸脸、挠痒、挖耳朵、抠鼻孔、敲桌子等。

（3）销售员在用"请""您""谢谢""对不起""不用客气"等礼貌语言时不准讲粗言或使用蔑视性和侮辱性的语言，不开过分的玩笑。

（4）任何借口顶撞、讽刺、挖苦、嘲弄客户，以及与客户争辩的言辞都不允许。而且无论客户情绪多么糟糕、用词多么偏激，销售员都要控制好自己的情绪，不可与之产生激烈的对抗。

（5）称呼客户时，假如搞不清客户的姓氏，不可随便张冠李戴。

（6）与多个客户交流时，如果涉及在场的人，销售员不可用人称代词"他"或者"他们"，应呼其名或"某先生"。

（7）任何时候招呼客户均不能用"喂"。

（8）对于回答不上来的问题不能直接说"不知道"，而应先请客户稍候，再代客询问，然后将答案反馈给客户。

（9）销售员说话时切忌装腔作势，声调要保持自然、清晰、柔和、亲切、热情，音量要适中。

（10）接听客户电话不宜让其等太久，务必在电话铃响三声之内接听。

口才训练2：千万不要吝啬你的赞美

口才训练

保险销售员："您好，张先生。"

客户："呵呵，你好。"

保险销售员："这就是您的儿子吧，小家伙长得真帅气，一看就特别机灵，真乖，来，让阿姨看看！"

客户："呵呵，这孩子一点都不乖，真是让我操碎了心呢！"

保险销售员："越淘气的男孩脑袋越灵活，长大才能越有出息呢！听李先生说您在事业上相当成功，俗话说，虎父无犬子，这孩子将来肯定能跟您一样。"

客户："呵呵，过奖了，不敢当。"

保险销售员："我听李先生说，您的事业做得风生水起，最可贵的是这么成功的大老板，待人接物，特别友好和善、平易近人，而且还特别喜欢培养后辈人才。"

客户："年轻人活力奔放、敢闯敢拼，每天和他们相处我感觉自己也年轻了不少呢。"

保险销售人员："听您说喜欢和年轻人待在一起，那我就很放松了，有什么就说什么了，如果说错了您可一定得包涵啊！"

客户："没关系，咱们随便说说话就好。"

口才训练解读

心理学家指出：每个人都渴望得到他人的赞美，人的价值一旦被他人认可，一定会喜不自胜。所以销售员一定要用好"赞美"这张通行证。恰如其分的赞美可以博得客户的好感，给其留下一个好印象，从而为成功销售打开了一扇大门。

口才训练中的保险销售员第一次与客户见面，就赞美客户的孩子帅气、聪明、有出息，客户虽然嘴上谦虚礼让，但事实上心里早就乐开了花。除此之外，销售员还以第三方的口吻赞美客户为人和善、事业有成等，就这样在很短的时间内博得了客户的好感，拉近了彼此间的距离，为销售保险营造了一个和谐愉快的谈话氛围。

口才训练要点

保险销售员在赞美客户时需要遵守以下四个基本原则。

1. 赞美要实事求是

任何赞美都必须有事实依据，如果赞美之词不符合客户的特征，那么就会遭到客户的反感。比如，面对一个声线粗犷的女客户，如果赞美其声音甜美，那么客户一定会觉得保险销售员太虚伪了，不是发自真心的赞美只会起到适得其反的效果。

2. 赞美要把握好时机

在运用赞美技巧时，保险销售员必须掌握好时机，错过时机或者时机不对，都会使赞美适得其反。所以，一旦发现了他人值得赞美的地方，应立刻赞美，不要吝惜自己对他人的赞美之词。

3. 赞美要抓住人的特点

赞美的语言也要因人而异。如果保险销售员能够抓住客户的特点，并加以赞美的话，一定能取得出乎意料的效果。

比如，对于公司的高层应该赞美其运筹帷幄、领导有方；对于家庭主妇，可以赞美其善良贤惠、持家有道；对于年轻人，可以赞美其有朝气活力、敢闯敢拼等。总之，针对不同年龄、不同身份的客户说不同的"好听的话"，突出个性和特点的赞美更容易打动客户，比一般化的赞美更有效果。

4. 赞美要把握好分寸

"美酒饮到微醉后，好花看到半开时"，不论做任何事情都要把握好一个度。赞美的话只用一两次即可，毕竟保险销售员的目的是在获得客户好感之后谈保险。如果全程都在赞扬对方，不仅不能拉近感情，反而会让客户觉得太假，甚至产生厌恶的情绪。

规避错误

1. 赞美词不达意，适得其反，让双方难堪

保险销售员："王先生，一看就知道您年轻有为，事业有成。"

客户："我年轻是不假，但是事业才刚刚起步啊。"

一说到年轻，很多人就立马和"有为"联系在了一起；事实上，年轻不一定就会"有为"，上述保险销售员就犯了这样的错误。

2. 赞美的话说得太多、太夸张，缺乏真诚感

保险销售员："李小姐您看起来可真年轻啊。"

客户："谢谢。"

保险销售员："您可真会保养啊，皮肤白皙润滑，就像20来岁的小女孩，您要不说，真看不出来您都40岁了。"

客户："哪里，你说得太夸张了。"

保险销售员："没有，我是说真的，您不仅皮肤保养得好，而且身材也非常棒，40来岁了一点儿都没走形，真是奇怪了，啧啧！"

客户："不好意思，我有点忙，先走了。"（借故离开）

口才训练3：说话莫啰唆，练好舌上功

口才训练

日本销售明星原一平在销售保险时有一个习惯：在与客户洽谈时，会在旁边放一块可以当作闹钟的手表，然后设置10分钟的谈话时间，当10分钟的

谈话时间一到，他的手表闹钟就会自动发出提醒的声音。这时他会遵守与客户的约定，不再啰唆，起身告辞。

有一次，原一平与一家公司的总经理预约见面，他来到该公司的前台，向前台小姐交代了预约的相关事宜。当前台小姐问他预约的时间是多久时，他说10分钟。于是，前台小姐带他来到总经理的办公室。

公司总经理："你好，请问你是哪一位？"

原一平："总经理，您好，我是××保险公司的原一平。今天跟您预约了10分钟的谈话时间，时间有限，咱们赶紧开始吧。"

公司总经理："那好吧，我和我的公司比较适合哪些保险产品，你给我推荐一下吧。"

原一平："您看，按照投保人的需求划分，企业的保险产品可分为以下几个类型……"

当两人聊得正在劲头上的时候，手表闹铃响了，于是他立即起身向经理告辞："真抱歉，我们约定的谈话时间到了，我不得不走了，我们下次再谈吧。"

公司总经理："你把时间掌握得真是分毫不差啊。那好吧，咱们下次再谈，到时候你可得把事情给我谈清楚了再走啊。"

原一平："好的，今天就不打扰您了，咱们下次再聊。再见！"

口才训练解读

通常来讲，客户对保险销售员存在排斥心理很大一部分原因是因为销售员说话啰啰唆唆，对自己死缠烂打，即便客户没有购买需求，销售员依然会不依不饶，说个没完没了。其实要想取得良好的销售效果，首先要说话简明扼要，一针见血，给客户留下一个好的印象。

口才训练中的保险销售员原一平就是一个不折不扣的销售高手，他没有追着客户拼命推销，更没有拉着客户喋喋不休，反而在客户意犹未尽时转身离去，这种欲擒故纵的销售策略吸引到客户，为下次拜访做好了充足的铺垫。由此可见，销售并不需求拖沓冗长、拖泥带水地反复强调产品的优势，有时只需要一个好的销售策略和几句简明扼要且恰到好处的话就可以把客户牢牢地拴在自己身上。要知道长篇大论、颠三倒四反而会给客户留下不好的印象，从而不利于销售的顺利推进。

口才训练要点

保险销售员在工作中要想做到言简意赅、简单明了地表达出自己的意愿，不妨从以下几方面着手。

1. 措辞要谨慎巧妙

销售是一门语言的艺术，保险销售员在与客户交流时一定要注意用语，将要表达的意思简明扼要地传达给客户，并且所说的话一定要与客户的利益休戚相关。例如，在谈到缴纳保费的问题时，用"初期投资"一词远远比"头期款"要好得多，因为前者可以让客户感觉投保有利可图，而后者则会让客户感觉到自己只是每个月要定期给保险公司支付一定的费用，而无任何收益。总之，急客户之所急、想客户之所想，让客户感觉自己是受益人，和客户利益无关的废话尽量不要多说。

2. 抓住问题的关键

一般来说，客户的需求、兴趣和顾虑是其决定是否购买保险的重要因素。因此在与客户交流时可以从以下几方面着手去提问："您最基本的需要是什么？""您最感兴趣的一点是什么？""您最担心的是哪一环节？"找到这些问题的关键点后，再一一寻求解决方案，这样既可以理清销售的思路，又可以使自己避免陷入颠三倒四、连篇累牍的尴尬境地。

保险销售员在与客户进行交流时，要养成一个良好的语言习惯，避免使用命令式和乞求式语气，更不能滥用专业术语；同时要尽量避免使用毫无意义的形容词，少说口头禅，多讲一些与客户利益有关的话，这样才能给客户留下一个好印象。

口才训练4：给你的语言加点亲和力

口才训练

小米是一位优秀的保险销售员。一天，她到某小区的李大妈家里销售保险。李大妈看见进来的是一位保险销售员，脸上顿时露出不悦的神色，虽然她没有直接下逐客令，但是听见小米热情地打招呼和询问，她直接冷冷地说："我不需要保险。"

听到李大妈说这样的话，小米并没有放弃销售的念头，而是继续热情地对她说："您不用担心，您买不买都没关系，我只是想为您介绍一种非常划算的理财计划。"

见李大妈面无表情且不予理睬，小米又热情地问道："听您的口音，好像是唐山的吧？"李大妈仍冷冷地回答："是啊，怎么了？"

小米高兴地附和："太巧了，我也是唐山的，咱俩还是老乡呢！人家都说有缘千里来相会，无缘对面不相识，我没想到远在异乡，还能听到这么熟悉的乡音，咱俩还真是有缘啊！"

这时，李大妈的语气不再那么冰冷，她笑着反问小米："是吗？"

后来，小米和她的这位老乡越聊越投机，最后竟然发展成了无话不谈的好朋友。虽然李大妈从未在小米这儿买过保险，不过经过她的牵线搭桥，小米获得了从她那里介绍来的三份保单。

口才训练解读

一个优秀的销售员，不仅要有牢固扎实的专业储备，更应该加强语言的亲和力，这样才能给客户如沐春风的感受，从而在他们心中留下美好的印象。温暖、亲和的"气场"是保险销售员牢牢抓住客户的一个重要前提和保证。

美国著名保险营销顾问弗兰克·贝特格曾说："最关键的是你如何让他们接近你，你与客户的距离决定了你在他们心中的价值。没有语言的亲和力，又怎么会与客户搞好关系？如果你和他们的关系很疏远，又怎么可能让他们买你的产品？"

口才训练中的销售员小米正是因为有了真诚的态度、温暖亲切的话语，才融化了客户冷冰冰的态度，减轻了其心理负担，拉近了与客户之间的距离，最终给客户留下了一个良好的印象，从而间接地促成了三份保单。

口才训练要点

保险销售员应该如何增加语言的亲和力呢？相关的沟通口才技巧参考如下：

1. 语言要隽永含蓄

在销售中，如果一开始就开门见山地向客户销售产品的话，那么遭到拒绝的概率会非常高。其实直言不讳并没有错，但是刚开始时客户的戒备心理很重，即使你的产品再出色，客户也不会敞开心扉去了解。

所以，此时保险销售员不妨换一种表达方式，在含蓄中带点直白、在温柔中带些力量，既有提醒，又有暗示，层次分明，详略得当，这样的说话方式容易获得客户认可。

2. 语言要委婉平和

谁都喜欢委婉平和的声音、讨厌生硬平淡的语言，所以保险销售员为了赢得客户的好感，不妨适当地使用一些结尾语气词，如在一句话的结尾加上"吗""啊""嘛"等，就会使语气更加柔和、更加富有亲和力。

规避错误

有的销售员说话比较生硬，比如不认可客户的想法，就直接说客户"您的思想有偏差"，这样很容易惹恼客户。聪明的销售员一般都懂得把自己的语言柔和化，换成"我不认为您这种思想很全面"，或者"我不觉得您这样做是正确的"，这样客户就会有一个缓冲的余地，不至于对销售员留下不好的印象。

口才训练5：站在客户的立场上说话

口才训练

客户："买保险利润太低，不划算，还不如存在银行里呢！"

保险销售员："李小姐，您想想我们现在每天只需要存20多元钱，这点钱在生活中根本起不到什么大作用。可当我们缴够20年，总投入的费用也就16万元，最后得到那可是将近3倍多的利益呢！满期保险金和身故保险金各20万元，再加上12.5万元的养老金，一共能拿到52.5万元啊，16万元变成50多万元，这可比银行划算多了。"

客户："我未必有那么好的命，能够活到80岁啊，你把满期保险金也给算进去了。"

保险销售员："李小姐，您多虑了。现在人们生活水平整体都提高了，而且普遍都重视养生，人类的平均寿命在不断延长，您这么健康，我不相信您活不到80岁，再加上女性的寿命本来就比男性长，依我看，您能活100岁呢！"

客户："呵呵，但愿如此吧。"

口才训练解读

创建了著名松下电器公司的松下幸之助先生，成功秘籍之一就是站在对方的立场看问题，以赢得客户的认同，完成销售。口才训练中客户一开始对保险产品并不认可，为了打消她的这种陈见，保险销售员站在其立场上讲述保险将带给她的利益。当客户认识到16万元能变成50多万元时，又逐步建立起了对保险的好感，转而考虑其他方面的问题。

口才训练要点

孙子兵法有云："知己知彼，百战不殆。"有的时候，"知己"与"知彼"相比较，"知彼"更为重要。要做到"知彼"，最好的方法莫过于站在对方的立场看问题。

在销售过程中，如果客户对销售员或者销售的产品没有好感的话，必然会假装忙碌躲开攻势或者百般推诿、婉言拒绝；而要突破客户的拒绝关，最好站在其立场上说一些其喜欢听的话。

所谓"站在客户的立场"，就是要以客户为中心，站在客户的角度考虑问题，然后把产品给其带来的利益事无巨细地交代清楚，而这些利益往往是其建立好感、激发购买欲望的关键所在。所以，有了这些利益做诱饵，客户对销售员以及其所销售产品的好感就会渐渐飙升，从而使得双方的交流朝着良性的方向发展。

规避错误

1. 以公司或自身为中心，不替客户着想，引起对方的反感

保险销售员："我们公司也得活呀，如果您也想打个折，他也想搞个优惠，那么公司还有什么钱给员工发工资啊。"

客户："我不管，这不是我该考虑的问题。"

2. 始终站在客户的立场上说话，反而会降低说服力

保险销售员："根据您目前的家庭收支情况，这个家庭保障计划绝对是最适合的，您购买了这份保险后，每天也就投入 20 元钱……"

客户："这份保险有这么好吗？我是越听越觉得不相信。"

口才训练 6：好销售员要懂得应变有方

口才训练

小鹿是 ×× 保险公司的一名销售员。一天，受一位老客户引荐，她去某高档小区找一位新客户销售自己的产品。在这位新客户开门的一刹那，小鹿就看呆了，这家的女主人气若幽兰、端庄优雅，令这屋子都平添了几分光彩，小鹿禁不住感叹了一句："您真的好有气质啊！"

没想到，小鹿的这一句话引得这位中年女人笑逐颜开，洋洋得意，她赶紧把小鹿请进了家门。从这位女人的反应中，小鹿觉得她是一个性格张扬、表现欲强且有点虚荣心的人。小鹿心想要想让这位客户购买自己的产品，最好的办法就是引导她说出自己的需求，满足她的表现欲和虚荣心，这样就会给对方留下好印象，博得她的信任和好感，接下来的销售工作也就好做多了。

想到这儿，小鹿赶紧问道："大姐，您这么有气质、这么年轻，跟电视上的明星一样，您以前是不是演员啊？能给我讲讲吗？"

"小姑娘还挺有眼光的嘛，我的确是一名舞蹈演员，还多次在国际芭蕾舞大赛中获过奖呢！"女人得意地说。

"真的吗？好了不起啊！我最佩服跳舞好的人了！"小鹿流露出羡慕的神情。

"呵呵，不瞒你说，我以前在国家舞蹈队的时候，曾多次……"女人回忆着当年的情形，仿佛又回到了从前。

"真的吗？您在当时可是队里的佼佼者啊！"小鹿说道。

就这样，女人给小鹿讲了很多她年轻时在舞蹈队的故事，并且两人一下子从下午3点聊到了5点，小鹿很认真地听着她的经历，并不时地流露出自己的赞叹和羡慕。

讲完后，女人对小鹿说："你这个小姑娘很有耐心，现在像你这样的年轻人已经不多了。我听老王说，你今天来是为了给我介绍保险产品的。"

小鹿回答道："是的，我听王大哥说您最近也有投保的打算，所以让我过来给您推荐推荐。我们公司最新推出一款新的保险产品，它……"

女人："你这个人我喜欢，你的保险产品我也买了。"

口才训练解读

在销售保险过程中，保险销售员会接触到形形色色、不同阅历、不同性格的客户；并且接触的客户越多、客户量越大，遇到的客户类型就越多。俗话说，百人百姓、千人千面，销售员要想博得所有客户的好感，很显然不能千篇一律地对待。因人施话是一个保险销售员最理智的做法。

口才训练中的销售员小鹿面对的是一个"性格张扬、表现欲强，且有点虚荣心"的客户，所以小鹿投其所好，不断用赞美和欣赏之态引导客户表现自己。这样一来，客户的虚荣心得到了极大满足，对销售员小鹿自然也留下了极好的印象，保险销售工作也自然变得水到渠成，顺理成章。

口才训练要点

保险销售员面对不同类型的客户沟通口才技巧应对有所区别。

1. 内向型客户

这类客户平时说话少，经常在自己的小天地里生活，对外界事物表现冷淡，一旦遇到陌生的人或者事物会相当的谨慎、敏感。

保险销售员要想博得这类客户的好感，最好采取适当的引导，先探明客户的内心所想，然后再投其所好，字斟句酌地与之交流。

2. 随和型客户

这类客户总体来看性格开朗，比较好接近，好相处，内心防线较弱，所以要想获得他们的认可相对比较容易。通常来讲，保险销售员的幽默、风趣会起到意想不到的作用；但这类客户却有容易忘记自己诺言的缺点，销售员也要当心这一点哦！

3. 刚强型客户

这类客户性格坚毅，个性严肃、正直，思维缜密。对待这类客户，销售员最好守时守点，说话有条不紊，逻辑清晰，层次分明，态度严谨，这样的表现比较容易在他们脑海中留下一个好印象。

4. 神经质型客户

这类客户最为敏感，最容易斤斤计较，耿耿于怀。所以，销售员在措辞时一定要谨小慎微、小心翼翼。如果能在销售过程中把握住对方的情绪变动，顺其自然，并且能在合适的时间表达自己的观点，就可以成功避免他们的反感。

5. 虚荣型客户

这类客户在与人交往时喜欢表现自己、突出自己，并且对于他们来讲，面子永远都很重要。对此，销售员要假装糊涂，极力赞扬，既要满足客户的虚荣心，又增加了客户对自己的好感度，从而有利于接下来的销售活动。

规避错误

（1）内向型客户对销售员的态度、言行、举止异常敏感，所以销售员切忌对其过分热情。

（2）刚强型客户讨厌销售员言谈举止随意，所以销售员一定要管好自己的嘴。

（3）神经质型客户情绪不稳定，易激动，所以销售员要避免与同事之间或者与其他客户进行私下议论。

（4）虚荣型客户喜欢表现自己，所以销售员切忌反驳或打断其谈话；当然，也不能太突出表现自己，不要给对方造成对其极力劝说的印象，否则客户会不高兴。

口才训练7：谁不喜欢会幽默调侃的销售员

口才训练

张浩是××保险公司一名优秀的销售员，销售保险时，为了吸引客户的注意力，且给他们留下一个好的印象，他常常用幽默的语气告诉客户自己是卖人民币的。

有的客户听到他这么说觉得很有意思，于是调侃地问道："你是卖假钞的还是卖冥币的？"

张浩说道："我既不是卖假钞的也不是卖冥币的，但你给我200元钱，我卖给你10万元钱！"

"你诓我们呢，这世上哪有天上掉馅饼的好事？"客户纷纷摇头说道。

然后张浩便趁机讲起了他的意外险，200元保10万元。其实只是换了一个新奇的角度去说意外险罢了，但客户听着很有意思，也就开始感兴趣了。可以说，这样幽默的方式非但没有惹得客户反感，反而使得接下来的沟通顺畅多了。

除此之外，他还经常用讲故事的办法逗乐客户。一次，为了在和客户交谈过程中增加趣味性，他给客户讲了一个故事：一天飞机失事了，有两个妇女的老公在飞机上。一个妇女抱着棉被大哭："你走了，我可怎么活呀！"另一个抱着500万元现金（保险金）大哭："当初怎么不再多买点！才500万元。"客户当时就笑了。当然，他在讲这个故事时没有平铺直叙，而是活灵活现地模仿了那两个妇女的语气和神态，用惟妙惟肖的表演逗乐了客户。

口才训练解读

在保险销售中，幽默一直被奉为销售成功的金钥匙，具有极大的感染力和吸引力，使得客户卸下心防，畅所欲言。当然，客户在被你逗乐的同时也会对你、对产品或服务产生好感，从而产生购买动机，促成交易的达成。

口才训练中的保险销售员张浩为了消除客户对销售员本能的戒备和抵触情绪，首先用幽默的话语打开了客户的心灵之门，同时用笑声博得了他们的好感，这样就为后面的销售活动开启了一个良好的开端。

口才训练要点

适当的幽默是交流沟通的润滑剂，既能迅速拉近与客户的距离，对于成功销售也有很大的帮助。但需要注意的是，幽默调侃是一把双刃剑，用得好双方皆大欢喜，用得不恰当则会招来客户的厌烦，所以保险销售员在运用这种方式活跃气氛、博得客户的好感时需要多加注意。

（1）幽默的语言尤其要精炼，要删繁就简、点到为止，过于琐碎的用词会影响幽默的效果。

（2）选择合适的幽默内容。保险销售员在制造幽默时一定不要拿客户的隐私说笑，否则会让客户觉得你不尊重他，心中产生不快，从而不利于销售活动继续进行。

（3）幽默时要保持微笑，否则会影响幽默效果。有时本来是很有趣、很有意思的内容，如果保险销售员讲的时候面无表情、一本正经，就会使幽默的效果大打折扣。

（4）幽默要分人和场合。有的人喜欢直来直去，而且也比较严肃，如果保险销售员用幽默的语言逗他开心，说不定会起到适得其反的效果；而且身份、性格和心情不同，对幽默的承受能力也会有差异。所以，销售员在使用时一定要把握好分寸。

此外，幽默要区分场合。如果是在比较严肃的场所或是商谈比较重要的事情，那么就不宜幽默了。

规避错误

1. 沟通死气沉沉，对话的焦点只集中在产品上

保险销售员："您还是再考虑一下我们这份意外保障计划吧，它可以带来……保障，非常划算的。"

客户："好了，你不用说了，我没有兴趣买。"

2. 幽默过了头，惹恼客户。

保险销售员："买了我们这份健康保险您就再也不用担心了，张先生，以后您烟可以随便抽，酒可以撒开喝，就算随便胡吃海喝也没有关系。"

客户："什么意思？"

保险销售员："因为这份保险赔付金额相当高，您的健康就算出了问题，也不用担心掏不起医药费。"

客户："你这是盼着我得病呢吧？"

第三章　别放过每个能挖掘需求的好机会

只有口渴的人才会用力掘井，只有有保险需求的人才会有购买欲望，所以正确地挖掘客户最迫切的需求、诱发客户购买的动机，对于成功销售保险具有至关重要的作用。而挖掘客户需求也有多种途径，适当的提问、有效的倾听、恰到好处的寒暄、做一些有奖问答的调查活动等都可以达到挖掘客户需求的目的。保险销售员只要积极思考，充分发挥口才的能力，有效挖掘客户的需求，那么成功说服客户投保便不再是一件难事。

口才训练1：你需要给客户一个恰到好处的寒暄

保险销售员："李先生，您的眼光真的好独特，这房子的装修看起来很有格调。"

客户："呵呵，过奖了，这只是我随便挑选的。"

保险销售员："最近天气不错，您有没有跟家人一起出去旅游呢？"

客户："唉，每天忙得跟陀螺似的，根本抽不开时间。"

保险销售员："李先生，您也喜欢看小说吗？"

客户："呵呵，是的，我是典型的金庸迷，特别喜欢看他写的武侠小说。"

保险销售员："我看您那边书架上还有好多书，我可以过去看看吗？"

客户："当然可以了，这些都是我一本本收集起来的，他所有的作品都在这儿呢！"

保险销售员："好羡慕您啊，我也特别喜欢看武侠小说，现在周末晚上还经常熬夜看呢。"

客户："一样，我都这样看了20多年了，没办法，平时工作太忙了，只能晚上熬夜看了。"

保险销售员："咱们可真有默契啊，我跟您一样，也是沉醉在快意恩仇的武侠世界里无法自拔。"

客户："呵呵，是吗？这真是缘分啊，你别站着，坐，我给你倒点儿水喝。"

保险销售员："您别麻烦了，李先生，您请坐！"

客户："没关系，能认识你这个知音我感到非常高兴，咱们坐着聊吧。"

保险销售员："其实，武侠的世界和现实的世界有很多相似之处，正所谓'人在江湖飘，岂能不挨刀'，很多潜在的危险人们往往预测不到……"

客户："是啊，你的这句话我深有感触，前段时间……"

口才训练解读

适度寒暄是良好沟通的开始，其可以有效解除客户的防备心理，建立彼此之间的信任，从而为挖掘客户需求做好热身运动。口才训练中的保险销售员第一次与客户见面，首先寒暄房子、天气和旅游，后来又发现了客户快意恩仇的武侠梦，这一切都成为双方交谈的共同话题。当然，也正是因为这些话题，才使得双方之间的距离迅速拉近，客户的心扉也由此而打开，这样销售员挖掘其背后的保险需求就轻松了很多。

口才训练要点

寒暄是挖掘客户需求的重要铺垫。但是，保险销售员在沟通的过程中，一定要适当地运用语言技巧，否则很可能导致全盘皆输。一般来讲，寒暄时要尽量避免那些涉及客户个人隐私和其他一些容易引起争议的话题，尤其是初次见面的客户。同时，寒暄也要把握好适度原则，不要东拉西扯，脑洞大开，最后忘记了自己的推销任务。

至于寒暄的话题，保险销售员不妨从以下几方面入手。

1. 个人爱好

一般人对于自己感兴趣的事情都愿意多说几句，所以保险销售员可以从客户的个人爱好入手，这样可以迅速找到共鸣的话题，消除彼此间的陌生感，拉近与客户的距离，从而为挖掘客户需求打开突破口。

2. 客户所在行业

客户所从事的行业也是双方寒暄的一个重要内容，与客户探讨这类信息，很容易获得他们的反馈。不过有一点需要特别注意，如果对客户所在的行业一知半解，那么最好少说多问，因为少说话比说错话要好得多。

3. 客户的办公环境

现在很多公司的装修都非常漂亮或者很有特色，所以保险销售员如果将客户的办公环境作为谈资的话，不妨加入一些赞美之言，这样客户肯定会很高兴的。

4. 客户经营业务

俗话说，隔行如隔山。保险销售员对客户的经营业务进行寒暄时要谨慎，对于不了解的情况不可妄下定论，否则就是在客户面前班门弄斧了。

5. 社会话题

一些社会话题也可以变成生意场上的谈资，与客户产生很大共鸣。不过要做到这一点需要保险销售员多听多看，涉猎广泛，否则很难与客户谈尽兴。

6. 天气与自然环境

天气与自然环境是一个非常适合寒暄的话题。天气的变化、自然环境这样的话题保险销售员完全可以信手拈来，轻松开启双方愉悦、融洽的聊天氛围。

规避错误

1. 寒暄起来话太多，本末倒置

保险销售员："这段时间阳光明媚，万里无云，真是踏春的好时节。"

客户："呵呵，你说得对，我正有这个打算呢。"

保险销售员："说起这踏春啊，我有几个好地方要推荐给您呢……"（一直说了下去，直到客户已经失去兴趣，保险销售员还在扯题外话。）

2. 寒暄过于简单直接，不懂得与客户的保险需求自然衔接

保险销售员："王先生，您好，我是××公司的理财顾问张扬，很高兴能见到您。"

客户："你好，小张。"

保险销售员："今天的阳光特别明媚啊，王先生。"

客户："是挺好的。"

保险销售员："天气不错，不知道您是否需要一份健康保险？"

客户："什么？"

口才训练 2：用巧妙的提问找到客户需求点

口才训练

保险销售员小唐和小萌是在一次旅游中结识的。某天两人在逛街时偶然相遇了，于是小唐便请小萌到咖啡馆小坐一会儿，两人坐下之后便闲聊起来。

小唐："小萌，咱们从认识到现在已经有半年多的时间了，每天都各忙各的工作和生活，都没有好好聚聚，改天约您先生出来，咱们一起吃顿饭。"

小萌："好的，没问题。"

小唐："对了，我忘了问您，您先生在哪里工作啊？他工作忙吗？如果

出来聚个餐，会影响他工作吗？"

小萌："哎，他呀，就是××医院的一个普通大夫，每天忙得跟什么似的。"

小唐："医生这个职业好啊，家里谁有个头疼脑热的，有个当医生的丈夫多方便啊。我以前的理想也是当一名医生，但是因为各种原因，没能如愿。跟您打听个事，您丈夫所在医院是咱们市最好的医院，看病的人很多，床位紧张，是不是住院都要提前排队啊？"

小萌："那当然了，我们家七大姑八大姨的整天打电话来托我先生开病房、买药。"

小唐："那您先生一定是个热心肠且医术高明的人吧，要不然也不会有那么多人找他帮忙。"

小萌："没办法，这是些老熟人，低头不见抬头见的，不好推脱。"

小唐："那您丈夫的人缘挺好的。家里有个医生，您肯定多多少少了解一些医院的事情吧？我问您一个问题，现在的科技越来越发达了，医疗水平显著提高，人的寿命也长了，原来好多不治之症也能依靠科学手段解决了，那您先生是不是每天工作量很大啊？"

小萌："是啊，他每天几乎没有不加班的时候。虽然现在的医疗技术越来越先进了，但还是有很多病医生束手无策，只能眼睁睁地看着病人死去，很是遗憾。"

小唐："您说得没错，有的时候钱不是万能的，但反过来说，没有钱却是万万不能的。人在病入膏肓的时候，有钱却无力挽回固然遗憾，但是若是在生死的边缘挣扎，病人手里却无钱医治，那才令人惋惜啊。所以我觉得有一个保险做保障非常重要，它不仅能够解决生病时的医疗费问题，也是人生的一种保障。您看您丈夫整天为这个家忙碌，您作为妻子也很想多关心和照顾他一点吧。"

小萌："是啊，但是他总是忙，在家的时间少得可怜，我对他的照顾也很有限。"

小唐："其实关爱他的方式有很多种，我建议您给他买一份保险。"

小萌："单位为他上保险了，这个就没必要了吧。"

小唐："那我问您一个问题吧，您家卫生间的水管有几个开关？"

小萌："两个啊，一个是控制常用水的，一个是控制总水量的。"

小唐："那有一个水龙头不是足够了吗？您再加上控制总水量的开关不就是为了保险一些吗？"

小萌："是啊。"

小唐："和您家的开关一样，商业保险和社会保险其实并不冲突，而是相互补充的，让人们的生活更加有保障。给您的丈夫多一份保障不是也挺好的吗？"

小萌："那好吧，你帮我设计一份保险计划吧。"

口才训练解读

在与客户谈话的过程中，保险销售员可以就客户提供的某一个细节进行深入挖掘，并围绕这一细节展开提问。当然，设置的问题一定要和保险销售息息相关，这样就会由一个小细节衍生出更多的问题。在这些问题里，销售员只要积极探寻，认真思考，就会发现客户对生活现状不满意的原因及其对保险需求与期望的差距，这样客户需求便可被挖掘出来。

口才训练中的销售员从客户先生的职业开始着手询问，从职业到床位，从床位到病情，从病情到医药费，从医药费再到保险的重要性，整个询问过程过渡自然，一气呵成，一步步把客户的需求引导出来，从而为签单奠定了良好基础。

口才训练要点

　　提问是探寻客户需求的重要方法。当销售员使用这种方法激发客户的购买需求时需要注意从简单的问题开始着手，由浅入深，逐层深入，并且保持问题的连贯性。当询问的问题刺激到了客户的情绪时，销售员需要立刻转移话题，以免惹恼了客户，不利于接下来的销售活动。

　　一般来说，销售员提问的方式有以下几种。

　　1. 开门见山式提问

　　这类提问方式言简意明，直截了当，不绕圈子。例如："您太太买保险了吗？"客户听到这样的问题一般会不假思索加以回答，因此此类提问效率很高；但是其并不适用于任何场合。

　　2. 委婉含蓄式提问

　　一提到保险常常伴随着风险和意外。销售员在挖掘客户需求时，有些话不宜将这些风险和意外说得过于直白裸露，否则会让客户听得很不舒服。成功的保险销售员常采用委婉、曲折的问法，迂回含蓄地提出问题。例如："如果您出差几年，您的家人能继续生活下去吗？"

　　3. 导入式提问

　　这类提问方式是指有目的地、引导，使对方不知不觉地落入自己所预设的目标回答。相关示范如下。

　　客户："我需要看病的话可以向亲朋好友借钱啊。"

　　保险销售员："这是一个缓解燃眉之急的好办法，不过我有一个问题想问您，您觉得有钱的时候借钱和没钱的时候借钱，哪个更容易一点？"

　　客户："当然是有钱的时候借钱好借。"

　　保险销售员："既然这样，那您觉得是不是应该理理财，存点钱，让自己一直都有钱。"

客户："是啊。"

保险销售员："那我在保险公司推荐一个账户给您，您只要定期存一点钱，等您有需要的时候可以都取出来用，而且在您老的时候有充足的钱花，怎么样？"

客户："这是一种什么样的理财产品？你给我介绍介绍吧。"

规避错误

1. 反复盘查，咄咄逼人

销售员在挖掘客户需求时要注意提问的方式方法，不要咄咄逼人，让客户觉得你的询问是盘查，从而产生反感。客户一旦产生负面情绪，就很容易导致销售的失败。

2. 提问目的不明确

一个人做事情如果没有明确目标，就犹如大海的航船失去方向一般，永远到不了彼岸。销售员提问也是同样的道理，如果你问的问题太过于宽泛，提问的目的不明确，也不够简洁，整个交流过程就会一片混乱，当然也不可能挖掘到客户的真正需求。

3. 提问不注意自己的语气和态度

有的时候说话的语气和态度比内容更具影响力。所以，销售员在提问时一定要注意自己的语气、语调和语速或者说话态度，否则就有可能使客户产生反感，从而破坏交流氛围，影响沟通效果。

口才训练 3：会倾听者"得天下"

张浩是××保险公司的一名销售员，他知识丰富，口才很好，对很多事情都有自己的独特见解，但其销售业绩一直落于人后。今天，他又去拜访了一位客户，两人在客户的办公室聊了起来。

客户："你设计的这份保险看着还不错，可是……"（被打断。）

张浩："谢谢王先生的夸奖，我从事这个行业已经有些年头了，虽然没有取得什么成就，但我唯一自豪的就是对得起自己的良心，对于每一位客户，我都坦诚相待，不遗余力地帮助他们设计好每一份保险。我始终坚信一点，只要用真心对待客户，真心实意地想让对方得到好处，那么做出来的事情一定是最棒的，我说得没错吧？"

客户："嗯，你说得有道理。"

张浩："呵呵，这么长时间接触下来，我觉得您就像是我的朋友一样亲切。为了更好地保障您的权益，我特意为您挑选了一款我们公司性价比最高的险种，我向来都是给自己的客户首先推荐性价比最高的产品，但是有的客户不领情，这让我很郁闷。"

客户："你的保险方案好是好，但是我需要再斟酌一下，我爱人……"（被打断。）

张浩："王先生，您看又被我说中了，您是不是也不理解我的一片好心，您们这些客户怎么都是这样，嘴里说保险方案不错，可是一到掏钱时就心疼了。行了，您不买就算了，我去拜访下一位客户了，告辞！"

张浩说完这段话夺门而出，留下王先生一个人在办公室里感叹："这是什么奇葩销售员啊，我本来是说要给我和我爱人各买一份健康险，可他推荐的却是养老险！"

口才训练解读

俗话说，言为心声，行为心表。有时与客户的交谈当中可以获取很多有用的信息，所以销售员一定要养成认真倾听的习惯。口才训练中的销售员面对客户几次三番的表达，不但没有认真倾听，反而硬生生地打断了，这样自说自话、不顾客户感受又怎能了解客户的需求呢？因此，客户不悦，销售失败也是情理之中的事儿。

口才训练要点

保险销售员通过倾听挖掘客户需求时需要注意以下几个要点。

1. 留心总结客户谈话的重点

在双方交流时，也许周边会有各种各样的声音充斥着耳膜。这时销售员需要凝神聚气，避免外界干扰，也不要被客户咬舌、口吃、地方口音、语法错误或"嗯""啊"等不良的语言习惯所误导，专心致志地捕捉客户说话的重点，说不定那里面有其更深层次的需求。

2. 适时对客户的谈话做出回应

良好的沟通是你来我往的，并不是一个人的独角戏。聪明的销售员懂得在不打断对方谈话的情况下，适时地表达自己的意见。这样会让客户觉得你对他的话是感兴趣的，从而更加敞开心扉，畅所欲言，透露更多的信息。同时，这样做也会避免你走神或疲惫。

3. 用肯定的话鼓励客户谈下去

在谈话时，给客户即使是一个小小的肯定，他都会很高兴，同时对肯定他的人也必然会产生好感。

因此，销售员可以用"我同意您的说法""您说得对""嗯，确实是这样"等语言肯定对方谈话的价值，这样可以使交流沟通更有效率。

4. 用恰当的表情和肢体语言配合客户的谈话

为了表示对客户的尊重以及对其谈话内容的重视，销售员不妨用嘴、手、眼等器官回应客户的话语。不过，切不可过度，如过于丰富的面部表情、手舞足蹈、拍大腿、拍桌子等。

规避错误

1. 擅自打断客户的谈话

说话被人打断是极不愉快的，所以销售员千万不要做这种没有礼貌的事情，也许客户的话语中暗含玄机，可以让你找到其需求的蛛丝马迹，如果中途打断，那么便是自断后路，在惹恼客户的同时也封死了自己销售的突破口。

2. 做出虚假的反应

倾听完客户的观点或意见之后，不要做出比如"好！我知道了""我明白了""我清楚了"等反应，这样的话语在客户看来有点不耐烦的意味，很不利于双方的交流。

口才训练 4：别忘了给客户做个问卷调查

口才训练

保险销售员："您好，请问您是宋峰先生吗？"

客户："是啊，你是哪位？"

保险销售员："不好意思，打扰了，我是××保险公司销售人员××。"

客户："你找我有什么事儿？"

保险销售员："您好！是这样的，我们公司为了更好地了解客户需求，以便提供更优质的服务，现开展一项有奖问卷调查活动。这是一张'有奖问卷调查表'，请您填写一下，这上面都是选择题，只需要浪费您两分钟的时间就好，填完之后您就有机会获得一次参与抽奖的机会。另外，答完题记得填好您的地址和电话，以便中奖后通知您，副卷撕下您保存好，上面有号码，主卷我带走，1个月以后我们公司举行抽奖活动，到时电视、报纸会公布中奖号码，共设计了4个等级的奖项，从高到低的奖品分别是50英寸大彩电、手机、电饭锅和洗衣液，而且中奖概率还挺高的。"

客户："是吗？那我好好看看。"

保险销售员："非常感谢您对我们工作的信任和支持！"

口才训练解读

挖掘客户需求的方式很多，问卷调查就是其中一种。这种方式可以有效获取客户的详细信息，从而为挖掘客户需求以及接下来的销售活动做好铺垫。不过，保险销售员在对客户做问卷调查时一定要适当地给他们一点甜头，这样才能充分调动其参与的积极性。口才训练中客户一听到有丰厚的奖品，就表示要好好看看，这充分说明，在调查之前一定要用适当的利益调动客户填写的欲望。

口才训练要点

问卷调查是一项目的性很强的活动，为了使调查结果能够发挥最大的作用，销售员首先要选择好合适的调查对象。其次在做调查问卷之前，销售员需要先做自我介绍，引起客户的注意，唤起其填写的欲望之后，再导入所填的内容。此外，在填写的过程中要记得把笔递给客户，如果客户在填写时有不太明白的地方，销售员需要及时做出解释。

保险销售人员邀请客户参与问卷调查的语言技巧示范：

（1）您好！我是××保险公司销售人员××，我们公司在做客户保险需求的问卷调查，这里有一张"问卷调查表"，占用您5分钟的时间，请您填写一下，写完之后可以获得我们公司提供的一份礼物，感谢您对我们工作的支持。

（2）您好！我是××保险公司的××，我们公司为了积极响应政府部门提高公众保险意识的要求，特意组织了这次问卷调查活动。我们非常珍惜您的意见，麻烦您花三五分钟的时间浏览一下，填写完之后就可以获得公司提供的一份精美礼品。

规避错误

1. 调查问卷事先不征求客户的同意

销售不是强买强卖，问卷调查也要充分尊重客户的意愿和选择权，切忌在获得客户同意之前让其填写，这样很难得到客户的配合。

2. 在客户填写时不停地说话

有的保险销售员很没有目力，有时客户在那里认真地填写相关信息，他的话匣子打开了却一下子关不住，这样就会导致客户思想不集中，从而填写出一些不准确或者不真实的信息。

3. 忘记让客户填写个人信息

调查问卷很重要的一个目的就是获取客户的个人信息，如果保险销售员忘记督促客户填写这些信息，那么调查问卷也就失去了意义。

4. 工作结束后忘记向客户致谢

客户本来没有义务和责任配合销售员的工作，他既然肯帮忙，保险销售员就应该怀着一份感恩的心在调查问卷结束后真诚地道一声："谢谢！"这样可以给客户留下一个良好的职业形象，如果他以后有投保需求，也会不自觉地想到你。

口才训练 5：给客户一个不得不买的理由

口才训练

保险销售员："张姐，不知道您有没有去医院探视病人的经历？"

客户："有啊，前段时间，我的一个朋友因为妇科肿瘤手术在医院住了有一段时间，那段时间我还去医院陪了她几天。"

保险销售员："哦，那她现在身体怎么样了？"

客户："她们家花了很多钱，买了很多营养品什么的给她补身体，虽然现在看上去还很虚弱，但比之前好多了。"

保险销售员："现在的人啊最怕得病了，辛辛苦苦几十年，一病回到解放前。这次她住院做手术也花了不少钱吧？"

客户："两个星期下来将近 10 万元吧。"

保险销售员："这确实是一笔巨额的医疗费用啊，其实她们家损失的又岂止这看得见的 10 万块钱呢，她爱人请假照顾，需要扣工资吧，耽误了工作进度，也会影响到他当月的业绩和收入吧。"

客户："遇到这样的事情谁也没办法，老婆正在病危中总不能不照顾吧。"

保险销售员："到了咱们这个年纪真是不容易，上有老下有小，压力真的挺大的。您有没有考虑过万一有一天您也累垮了，谁来帮您挑起家庭这份重担啊？"

客户："要真那样了，我爱人肯定得不遗余力地撑起这个家啊。"

保险销售员："但是他既要工作赚生活费，又得抽空在病床上照顾您，一个人分身乏术，怎么能两头都照顾得过来呢？"

客户："只能是坚持着！要不然还能怎么办呢？"

保险销售员："当然有更好的办法。我知道您是一个贤惠顾家的好妻子，现在身体状况也非常好，但为了未来有一个更好的保障，为什么不考虑购买一份保险呢？"

客户："买保险？我还真没有考虑过。"

保险销售员："如果您有保险，就绝不会出现像您朋友那样的窘况，给家庭造成巨大的负担；而且您会获得很好的治疗和爱人的全程陪伴，因为这一切费用都由保险公司替您负担。"

客户："听你一说我还真有点心动。你能给我具体讲一下吗？"

保险销售员："我们公司最近推出这样一种保险产品，它……"

口才训练解读

经常有保险新人会有这样的疑问，面对客户时应该如何才能打动他们，让他们愿意购买自己的产品？其实要想促使客户做出购买的决定，首先需要充分挖掘客户的需求，而要想挖掘客户的需求，保险销售员必须给客户一个充分的购买理由。

口才训练中保险销售员首先用"探病"开启了话题，紧接着联想到"客户自己生病"，不知不觉中将客户的思维引导到生病后的大笔开支和生活保障上来。当客户意识到自己也有保险需求时，便自然找到了一个购买保险的理由。当然，有了这个保险需求的驱使，他也会慢慢做出购买的行为。

口才训练要点

保险的保障功能多种多样，客户购买保险的理由也是千差万别，不尽相同。保险销售员在挖掘客户需求时不妨从下面这几个角度着手，给客户一个不得不买的理由。

1. 对抗风险

在人生未来的路上会有什么样的危机和风险，谁也无法预测，有的人可能会遇到车祸的侵袭，有的人可能会遇到疾病的折磨，还有的人可能会遭受自然灾害的打击……

高不下的意外死伤事故是激发客户购买保险的重要依据。当然，除了这些意外状况之，疾病也威胁着每个家庭的经济生活。

而据《中国统计年鉴》数据显示，人一生中罹患重疾的概率高达 18%。而一旦患上重大疾病，医疗费用少则一两万元，多则几十万元。在疾病面前，每一个家庭都不堪重负，除了精神层面的压力外，更重要的来自医疗的巨额债款。如此沉甸甸的支出相信对于每一位客户而言都是一种负担和压力。若是保险销售员拿这些具有说服力的资料引导客户的话，相信他们大多都会觉得有购买保险的必要。

2. 养老的需求

据专家预测，到 21 世纪中叶，每 4 个中国人中就有 1 个老年人，老年人口将高达 4 亿。"养儿防老"的传统养老模式已不适应现代社会发展的需要。中国社会保障基金理事会李克平说："中国的老龄化在我们还没有准备好的情况下提前到来了。"

在现代家庭结构中，"421 模式"（4 个老人 +1 对夫妻 +1 个孩子）给养老带来一定难度。在农村，连退休金都没有的老人不在少数，养老问题更是一个困扰。

人到老年，已经丧失劳动能力，没有正常收入，但仍需支出；而子女的工资要养活一大家子人无异于杯水车薪，老人的退休金又存在缺口。因此，每个人都必须对自己的养老费用提前打算，在年轻时购买保险，为年老时的生活提供保障。

保险销售员可以从现代家庭结构、低额的养老保险金、维护个人尊严等角度出发，劝说客户投保。

3. 为孩子购买保险的理由

（1）投保越早，保费越便宜，保障越长

一般来说，孩子的身体与大人比起来相对较棒，因此为他们投保很容易，而且孩子投保的选择面广，更重要的是孩子的保费低廉，早买早好。年龄越小，为获得同样保障所缴的保费就越便宜，保障的期限也越长，所以就越划算。这些都是促使客户投保的重要理由。

（2）年龄小，风险却不小

风险面前人人平等。孩子年龄虽小，但是他们所面临的风险并不比大人少。因此保险销售员可以从这个角度劝说客户及早地为孩子投保，从而将风险有效地转嫁给保险公司，保障家庭生活的安定，为孩子的未来多上一重安全锁。

（3）为孩子储备教育基金

孩子是父母心中的宝贝，望子成龙、望女成凤是每一位家长殷切的希望。每个人都希望自己的子女接受良好的教育，将来成为国家的栋梁；但越来越贵的教育费用、祸及家庭的种种潜在危险，都可能成为孩子成长道路上的障碍。

一般来说，一个孩子从小学到大学毕业总共需要花费至少几十万元，可以说教育费支出占家庭总支出的 58.8%，当然还包括很多其他费用。因此，保险销售员可以利用父母的爱子之心和高昂的教育费用作为销售的切入点劝说客户为子女购买教育保险。

规避错误

保险销售员在劝说客户购买保险产品时，一定要注意措辞，有些话切忌说得过于直白，比如"如果您有一天出车祸、破产、得了绝症等，那么这款保险产品可以帮您……"类似这样的话肯定会引起客户反感，认为你是在诅咒他呢。

第四章　你需要营造一个深入沟通的好氛围

在保险销售过程中，有的销售员能说会道，对答如流，三言两语就能和客户熟络起来，从而为整个拜访交流过程营造了一种和谐愉悦的沟通氛围；而有的销售员则总感觉别别扭扭，简单的寒暄之后便是一阵冷场，最后只能尴尬地离开。

成功的销售活动需要依靠口才的力量为双方的交流沟通营造一种好的氛围。而销售员要想做到这一点，就需要灵活地运用各种语言技巧，比如设定悬念、使用富有感染力的表达方式、讲一个妙趣横生的故事……总之，本章节罗列了很多交流沟通的语言技巧，销售员若是能够——熟知并懂得灵活运用，那么与客户沟通时就再也不怕犯尴尬症了。

口才训练1：设定悬念，抓住客户"眼球"

口才训练一

保险销售员："刘小姐，最近好吗？"

客户："还不错，你呢？"

保险销售员："谢谢刘小姐的关心，我很好，好久没见您了，我给您准备了一份惊喜！"

客户："哟！太好了！什么惊喜？"

保险销售员："现在这只是个秘密，等见面才能告诉您呢！您周五有空还是周六有空啊？"

客户："周六吧！"

口才训练二

保险销售员："张先生您好，我是××公司的理财顾问王××，您现在说话方便吧？"

客户："我现在不忙，有什么事情你说吧。"

保险销售员："我们公司最新推出一种财富保障计划，还不到一个星期的时间，就有数百人前来争相购买，究竟是什么样的财富保障计划这么大受欢迎，相信您也很好奇吧。"

客户："是啊，你快说说。"

保险销售员："因为这种财富保障计划比较特别，规定的内容也比较多，电话里说有点不方便，张先生您给我个邮箱，我先给您发份资料，然后咱们抽时间见面聊，好吧？"

客户："好的。"

口才训练解读

合理地制造悬念可以给客户带来一种新奇感，充分调动他们的兴趣，从而使双方的交流继续深入下去。伴随着悬念的揭开，保险产品也就呈现在客户面前了，这样的做法既活跃了谈话的氛围，又将产品销售活动向前推进了一大步，可谓是一举两得。

口才训练一中的销售员设置了一个小悬念就达到了深入面谈的目的；口才训练二中的销售员一开场就说这种财富保障计划不到一星期的时间就吸引了数百人争相购买，那么究竟是什么样的计划具有如此大的魔力呢，这本身就是一个悬念。在引发了客户的好奇心之后，销售员又继续制造悬念，表示在电话里说不清楚，要先发资料然后约见，这样就使保险销售工作自然而然地开展下去。

口才训练要点

制造悬念是引导客户深入沟通的好方法。这种"先藏后露、欲扬先抑、引而不发"的方法会给客户留下深刻印象，同时客户的注意力也会被销售员制造的悬念深深吸引，非常有利于保险销售活动继续深入地开展下去。

"文似看山不喜平"。做销售也需要制造一点波澜和悬念来营造深入沟通的氛围。以下是几种设置悬念的方法，相信对广大保险销售员有所帮助。

1. 故意提问。这种方式意在引导客户跟着销售员的提问深入思考，然后将问题的答案在客户举棋不定之时突然揭晓，从而增强沟通的趣味性。

2. 引而不发。保险销售员引导客户的思维向一个方向发展，客户按图索骥已经大致可以猜中结果，但还不能得到证实，保留最后的悬念让客户的神经异常紧张。

3. 引人入胜。保险销售员大肆渲染产品的某些优势，而这种优越性越强，越容易让客户沉醉其中，无法自拔。

4. 分段讲解。保险销售员讲述一件事情时不按照一般的因果逻辑，而是分为几段，然后在逻辑上打乱顺序，这样讲述造成的"自相矛盾"就会吸引客户。

规避错误

1. 制造悬念时胡诌乱扯，不符合客观事实，欺骗客户

保险销售员："张姐，这种保险理财计划非常划算，您只需每个季度投入 500 元的保费，就可以在 1 年内享受 20 万元的保额。"

客户："也就是说 1 年交 2 000 元，就可以获得 20 万元的保额？"

保险销售员："是的，这个就是说您 1 年内只要生病了，就可以从我们公司领取 20 万元的补偿！"

客户："啊，不可能吧？这简直就是天上掉馅饼啊！"

保险销售员："呵呵，张姐，这种好事情确实存在，怎么样？您找个合适的时间，我给您好好介绍介绍。"

建立在谎言基础上的销售活动是无法成功的，等客户明白真相后销售就会失败。

2. 制造悬念时闪烁其词，缺乏可信度

保险销售员："张先生，听说 3 天后就是您的生日？"

客户："呵呵！是啊，你怎么知道的？"

保险销售员："一个朋友告诉我的。"

客户："谢谢你。"

保险销售员："在您的30岁生日之际，我们公司特意准备了一份大礼，相信您一定不会拒绝这份好意，对吧？"

客户："啊？什么大礼啊？"

保险销售员："咱们见面详谈吧，请问您周六有时间呢还是周日有时间？"

客户："什么礼物啊？还要面谈？"

保险销售员："呵呵！张先生，事实上是一份保险，您今年30岁了，而立之年给自己以后的生活买一份保障，非常有意义。"（不够坚定，自己揭开了谜底）

客户："果然又是推销！"

口才训练2：用数据的力量做佐证

口才训练

李飞是保险销售员赵梅的一位客户。李飞觉得买保险收益较少，所以迟迟没有下购买的决心。对此，赵梅决定用她最擅长的数字计算来说服李飞。

赵梅："李先生，您从事IT编程工作，对数字一定非常敏感吧？"

李飞："是的，我觉得买保险一点都不划算，还不如把这笔钱拿去炒股呢，说不定还可以一夜暴富呢。而且我现在身体也很好，根本没必要把钱花在这上面，所以你还是走吧。"

赵梅："李先生，像您这样的白领精英人士，应该也有很强的时间观念吧？"

李飞："是的，我们这个行业对数字都比较敏感。"

赵梅："对数字敏感是个好习惯。咱们不妨做一个与数字相关的分析：您家35%的收入用于储蓄，日常开支占32%，偿还房贷占15%，赡养老人占18%，也就是说储蓄在总收入中占了很大的比重。您有这样的储蓄行为自然是为了防止意外情况的发生，不过我这里有一个更为有效的防范风险的方法，那就是每个月只需拿出收入的5%，用这笔钱来购买一份保险，在您缴纳第一笔保费之后，您就可以拥有50万元的保障。并且在15年期满之后，您每年还可以领到3万元，这给您的晚年生活提供了一个很大的保障！"

李飞："为什么是拿出5%的收入？"

赵梅："因为保险的主要功能是保障，而非投资，所以它的回报很低。假如您想获得丰厚的经济效益，那我不建议您买保险。保险只是一种可以让您规避风险的保障，而这种保障无须投资太多，只要拿出5%的收入就可以了。如果您把所有资金都买了股票，可能会得到很高的回报，但它也会严重影响您的生活质量，股市行情会时刻牵动着您的神经，这样提心吊胆的生活必然使您生活不宁。所以我建议您把剩余收入的大部分用于炒股，小部分用于买保险，这样的投资模式岂不是更为合适？"

李飞："嗯，你说得有些道理。"

赵梅："俗话说，天有不测风云，人有旦夕祸福。每个人的一生都不可能不遇到任何风险，所以防范危机、未雨绸缪是非常有必要的。我这里有一个方案，既可以让您获得颇为丰厚的经济效益，又可以使您的生活高枕无忧，您需要了解一下吗？"

李飞："说来听听。"

赵梅："这份保险的投资和收益情况是这样的：每年缴纳2万元的保费，连续缴纳15年，也就是共交30万元，您就可以获得一份保额为80万元的保险。同时根据公司的经营状况，公司每3年都会给购买该类型保险的客户分红。您看，这样的投资模式既没有什么风险，又是可以同时收获一大笔钱，相当划算呢！"

李飞："听上去还不错，我想再具体了解了解。如果可以的话，我就签单了。"

赵梅："好的，我们一起来看看这份保险的计划书吧。"

口才训练解读

数据展示能够直观反映客户所获利益的多少，是凸显产品卖点和优势的一个有效方法。口才训练中客户本来是对保险怀有偏见的，甚至对保险销售员下了逐客令；但聪明的保险销售员并没有就此放弃，而是利用一串串准确的数据让客户认识到购买保险的可靠性和优越性，从而深度激发客户的购买欲望，当然双方交流的氛围也越来越好，最后一步步地把客户引导到保险的计划书和签单上来。

口才训练要点

保险销售员利用数据佐证产品优势时，必须保证所使用的数据客观公正，具有说服力；同时数据说服要抓住有利的时机，不可滥用。

1. 保证所列数据的真实性

保险销售员要想增加话语的可信度，就不要拿虚假的、不准确的数据糊弄客户。在网络信息如此发达的时代，客户判断事物和获取信息的能力远远高于从前，销售员如果使用的数据不符合客观实际，那么一旦让客户发现，势必会造成很严重的信任危机，日后即便做再多的弥补也挽救不回公司的信誉损失。

2. 保证所列数据的时效性

保险销售员在说服客户时，一定要注意使用最近更新的数据，这样才不会误导客户，当然也会更容易取信于客户。

客户："这是什么时候报道的数据？"

保险销售员："最近这几天吧。"

客户："怎么可能，拿这么陈旧的数据忽悠我呢！我才不敢相信你说的话呢！"

规避错误

保险销售员在使用数据与客户交流时，除了要保证数据的真实性和时效性之外，还要注意说话的流畅性，如果把这些重要的数据说得磕磕绊绊、张冠李戴，那么无疑会影响客户的信赖程度。

口才训练3：多用比喻和排比，让你的语言更有气势

口才训练一

张伟是××人寿保险公司的一名优秀销售员，他每次出去销售产品时总会带上儿童玩的小玻璃球、棒球和海水浴场用的大橡皮球。

当谈判接近尾声，客户不愿意投保，特别是在经济观念上产生分歧时，张伟就会取出小玻璃球，让客户放进衣袋。客户对他的这种举动自然很是诧异，此时他会这样解释道："先生，这种玻璃球的分量很轻，您几乎感觉不到它的存在；如果在衣袋里放上两三天，您就会完全把它忘记掉。"

接着，张伟取出棒球，说道："这个球的体积相对大一些，虽然也能放在衣袋里，您也能到处走，可是您举手投足间，还是能感觉出自己的衣袋里装着棒球。"

随后，张伟又取出大橡皮球，把它吹起来后，说："变成这样大的球，您要是把它装在口袋里，那根本就不可能了。其实人寿保险就和把球放到衣袋一样。按照您的年龄来说，如果今天加入人寿保险，您所缴纳的保费就跟您把小玻璃球放进衣袋里一样，非常轻松，不费吹灰之力，保险金微不足道，说不定您很快就会把购买保险这件事忘掉；如果您推迟几年投保的话，那就好像把棒球装进衣袋里一样，即使您口袋里能装得下，但总是感觉有负担；如果您在岁数足够大时买保险，那么就好像把大橡皮球装入衣袋中似的，投保的难度会非常大。先生，您今天可以不做购买保险的决定，也可以把这3个球的问题暂且搁置一旁，但是作为保险销售员，我还是建议您尽早投保，因为只有这样您的生活才能像拿玻璃球般轻松。早日投保，您和您的家人也可以早日享受一份安全和保障。"

听张伟这么一说，客户大多都会深以为然地赞同他的看法。

"今天的'玻璃球'价钱仅是××元，对您来说，按年、季、月交都行。不知道您更习惯哪种缴纳方式？"

就这样，张伟用球作生动、形象而又通俗的比喻，顺顺利利地签下了合同。

口才训练二

客户："小张，你推荐的这个保险和银行存款也差不多啊。银行存取款不仅方便，而且还有利息。依我看，存银行比买保险强多了。"

保险销售员："王先生，假如我现在给银行存上5 000块钱，请问我的账户上有多少金额？"

客户："这还用问吗？肯定是 5 000 元嘛。"

保险销售员："现在我们换个理财方式，如果把这 5 000 元用来投资保险，您知道会变成多少钱吗？"

客户："多少？"

保险销售员："如果我得病住院了，这 5 000 元会变成 2 万元的补贴；如果我患的疾病正好与这份保单上列出的病种相吻合，这 5 000 元会变成 20 万元现金用于治疗；假如我不幸发生意外了，这 5 000 元会变成 40 万元可以养活我的家人；假如我一生平安无恙，到 60 岁时，这笔投资会变成每年 10 080 元的养老金。您说，银行会因为我们存了钱，就用翻倍的利息来管我们的生老病死吗？"

客户："这个银行肯定不会管的。"

保险销售员："对啊，所以保险不仅有储蓄的功能，还能在我们生病或者发生意外时带来极大的安全感。既能储蓄又有高额保障，这样的好事您何乐而不为呢？"

客户："嗯……"

保险销售员："我们就选择今天来让这份特殊的储蓄计划生效吧。"

口才训练解读

众所周知，使用比喻的表达方式可以把陌生的东西变得熟悉，把深奥的道理浅显化，把抽象的事理具体化、形象化。口才训练一中保险销售员张伟在劝说客户买保险时，正是用玻璃球、棒球和大橡皮球比喻客户在不同阶段加入保险所要负担的费用，让客户直观、形象地认识到不同情况下的不同费用。球与保险看似风马牛不相及，但是它却形象、生动地告诉客户，投保越晚承受的经济负担越重。最后，客户也认同了张伟的观点，并答应签约。

运用排比最大的作用就是增强语言的气势。口才训练二中销售员正是使用排比的表达方式，将 5 000 元的保险投资所起的作用表达得淋漓尽致。这样的说辞很容易感染客户的情绪，从而激发其更多深入了解的兴趣。

口才训练要点

在保险销售中适时使用恰当的比喻，不仅可以活跃谈话氛围，还可能起到有力的说服效果。比喻行销法最大的特点就在于不需要直白地阐述道理，而道理却能表露无遗。因此，作为一名保险销售员，有时与其长篇大论地告诉客户投保的重要性，不如利用生动而又切合的比喻与客户交流沟通呢！

当然，使用比喻的表达方式时，销售员应尽量找一些生活中的素材，这样更容易引起客户的共鸣，激发其内心的认同感。

在与客户沟通的过程中，除了使用比喻的表达方式外，销售员还可以使用排比的手法增强说话的感染力。使用这种表达方式时，销售员应注意前后语句的类型，确保句子之间的语意相关或相近、结构相同或相似，否则会影响表达效果。

规避错误

保险销售员使用比喻、排比的表达方式说服客户时，一定要事先在头脑中演练几遍，以防说的时候磕磕绊绊、词不达意。另外，运用比喻、排比目的是更好地说服客户购买保险，所以与保险无关的话题最好不要触碰，否则即便你的比喻使用得再巧妙，排比使用得再怎么富有感染力，都没有任何意义。

口才训练 4：用一个好故事讲到客户心里去

口才训练

保险销售员：“姚大哥，投资界有一句至理名言——不要把鸡蛋放在一个篮子里，不知道您对这句话有什么看法？”

客户：“这句话说得很有道理啊。理财过程中需要分散资金风险，以免孤注一掷失败之后造成巨大的损失。”

保险销售员：“嗯，您说得很在理。其实购买保险也是一种分散风险的行为。我要讲的这个故事就跟咱们今天讨论的这个话题有关。”

客户：“哦，故事？一个什么样的故事呢？说来听听！”

保险销售员：“从前，有一个人正在码头散步，他看到一只大船将要起航时，海上突然起了很大的风浪。有人担心货船会受到风暴的袭击，所以建议推迟一天的行程，晚点再出发；也有人担心耽误了时间会蒙受经济的损失。正在大家左右为难时，这个散步的人给大家出了个主意，他建议马上起航，但是，他让每个人把自己的货物分成 10 份，分装在 10 条船上，然后出发了。几天以后，回来了 9 条船，1 条船在风浪的侵袭下沉入了大海，每个人只损失了 1/10 的货物。这是一个很富有智慧的想法，当然这个散步人也得到了大家的认可和赞赏。受到该事件的启发，这个人开了一个买卖，从这个码头起航的每条船向他交纳一定的费用，他收取费用后，承诺交费的船在航行时如果发生意外，他来负责赔偿所产生的损失，这就是早期的保险的雏形，集中地体现了分散风险的思想。”

客户：“这个故事有点儿意思。”

保险销售员："其实，在咱们悠久而深邃的中国历史中可以看到很多朴素的保障思想。比如，管子曰：仓廪实而知礼节，民不足而可治者，自古及今，未之尝闻？夫积贮者，天下之大命也。苟粟多而财有余，何为而不成？其中'苟粟多而财有余'体现的正是储备粮食以备灾荒的保险思想。当然了，在我们的现代生活中，这种预防风险的保险意识体现在很多方面，比如御寒的衣服、防雨的雨伞、汽车的备胎、楼道里的灭火器、您家大门上的锁等，这些都和保险类似。"

客户："嗯，你说得很对。"

保险销售员："原先在单位发工资的那天，工会小组长可能会从每个职工的工资里每月扣 10 块钱，凑起来组成单位的互助金。当然这些钱并不是谁想用就能用的，万一有某位同事家里急需用钱，就从这个账户中预支给他，以解燃眉之急。其实保险公司就像是大家的工会小组长一样，把每个人的保险费存在这个集体的账户里面，分摊大家的风险。"

客户："对，是这个理儿，我过去的单位就是这样做的。"

保险销售员："您已经在商场上打出了一片属于自己的天地，当然也结交了很多朋友，如果现在让您把能联系上的、认为可以借钱的朋友一个个列出来，您估计能有多少人？"

客户："四五十个吧。"

保险销售员："假如您某天突然碰到一个紧急情况需要一大笔钱，而此时恰巧您手头又没有现金，那您就只能向家人和这四五十个朋友张口去借。而如果您拥有了保险，这个紧急情况只需找保险公司就可以了，保险公司聚拢的可不止四五十个朋友的力量，它汇集的是几百万的人。此时让一个拥有几百万人的管理团队帮您去解决问题岂不是既踏实又轻松！再说了，仅仅依靠您个人的人脉关系筹集起来的救急款毕竟是有限的，而且还会使您欠下很多的感情债和经济债，将来还是需要一一偿还的，您说对吧。"

客户："我明白了。您说得在理，所以我也想要买一份保险。"

很多时候人们听惯了所谓的大道理，再触碰到它时就会出现语言疲劳，不自觉地发出一些反感的情绪。所以保险销售员若是用枯燥的大道理干巴巴地劝说客户投保，难免会破坏交流的氛围，影响说服的效果。有经验的保险销售员通常都会将理论融在故事里一起讲，这样抽象的、无形的保险利益就形象、生动地呈现在客户面前了。口才训练中保险销售员就是利用故事来说明保险的意义，吸引了客户的兴趣，提高了其购买意愿。

优秀的销售员一定是一个讲故事的高手。在销售产品时，恰当地引用一些反映人生命运难以预料的故事、成语或者寓言，可以活跃谈话的氛围，激发客户倾听的兴趣，增强客户的购买欲望。

保险销售员要想让自己所讲的故事更具趣味性，不妨使用以下两个语言技巧。

1. 改写剧本，增添趣味性

为了让故事更富有感染力，保险销售员可摘取原故事的大纲，改动剧本，增加或删除原来的细枝末节，要让客户听着可信那么就是一次成功的推销过程。

2. 为故事增添一些幽默的元素

要想让客户听得入神，保险销售员不妨将幽默的元素加入其中。幽默可以让客户享受"买了的话可享受什么"的乐趣。

1. 讲故事杜绝单刀直入

保险销售员在讲故事时不要直接开场就说"有个故事是这样的……"，而要懂得使用插入引用的诀窍，这样才能更好地把客户带入到故事的情境中。否则他会认为那只是别人的故事，和自己没关系。

2. 故事切忌脱离销售保险的主题

有的保险销售员口才一流，但是讲话没有一个中心思想，思绪很容易受外界环境的影响而东游西逛，到最后讲了一大堆与保险无关的废话，既浪费了双方的时间和精力，又没有达到成功销售的目的。

3. 讲故事语调平平，感情淡漠

一个好的保险销售员应是一个好的演讲家，在与客户交流时，一定要抑扬顿挫，尤其是涉及某个故事，最好让自己融入故事的情境当中，有感情地向客户叙述故事的来龙去脉，这样才更有感召力。

口才训练 5：想客户之所想，说客户之所急

口才训练

客户："小吴啊，之前考虑到养老的问题，我也打算给自己买一份保险，可是现在怎么算好像都不划算，而且利润有点低。"

保险销售员："张大姐，其实您误会了，买保险到底划算不划算，我来给您算一笔账。您看，咱们现在每天就存20元钱，就相当于您出去买一把香蕉的钱，有没有这把香蕉其实对您的生活而言无关紧要。您想想，每天存20元，

当我们存满 20 年，这些钱加起来就是 16 万元，可您知道您总共交给保险公司的这 16 万最后能获得多少收益吗？我详细给您分析一下吧，您的收益包括身故保险金、满期保险金各 20 万元，养老金 12.5 万元，这 3 项保险金加起来就是 52.5 万元。您存的 16 万元变成了 50 多万元，可以说您投进去的钱是在翻倍增长啊！如果您把这笔钱放在银行，我相信他们给出的利润一定要比这个要低很多，对吧，张大姐？"

客户："小吴啊，你说的这是最理想的状况，这个期满保险金我能否领到还尚未可知，我可不能保证我一定能活到 80 岁啊。"

保险销售员："张大姐，做人呢要积极乐观一点。据世界卫生组织发布的消息来看，全世界人口的寿命都较以往有所增加，而且女性的寿命和男性相比还要长出 5~8 年，再加上现在医疗水平那么发达，您在生活中又很注重养生锻炼，所以我说您能活到 80 岁并非信口开河，而是有科学依据的。"

客户："我当然想活得更久一点了，借你吉言，但愿如此吧。小吴啊，你看，我也是诚心诚意想在你这儿投保，你能给我打个折扣吗？"

保险销售员："张大姐，我也想给您优惠一点顺利签单，但是您也知道保险不同于一般产品，公司有明确的规定，这养老保险金我实在没办法给您任何折扣。公司每一份保单的价格都是公司经过专门的理财专家制定出来的，客户需要缴纳多少保费、可以获得多少收益也是按照保险产品的公式严格计算出来的。我们保险销售员是没有权力给客户打折的。"

客户："是吗？听说你们卖保险的需要给客户回扣。"

保险销售员："张大姐，这样的事情我从来没有碰见过，也许您说的是真的吧，有些缺乏职业素养的保险销售员为了让客户购买保险承诺给予客户回扣或保险合同规定以外的其他利益，其实这是很不道德的行为。咱们中国有一句老话叫羊毛出在羊身上，客户看似表面上获得了好处，可实际上这好处已附加在自己付出的代价里。您想想啊，每个人都要生存，所以他服务的前提是利润，如果有限的利润被挤压了，那么连利润一起缩水的一定还有服务。我相信您买了一份保险，一定不希望自己的售后理赔服务打折吧。"

客户："看来您还是一个挺有原则的人，虽然为人倔了一点，但是值得信赖，就冲你的这份正直和倔强，我也买一份。"

保险销售员："谢谢您，张大姐，您真是很有眼光，有您的信任和支持，我会好好为您服务的。"

口才训练解读

一位著名的歌手，刚出道时，她上台的第一句话是："大家好，我来了。"而随着时间的推移，她上台的第一句话却变成了："谢谢大家，你们来了。"虽然只是短短的几个字的变化，却可以看出这位歌手心态的变化，她懂得了换位思考，跳脱了自我的认知系统，愿意站在观众的角度思考问题，所以她获得了事业的辉煌。因此，作为一名保险销售员，在与客户交流时也要懂得站在客户的立场去思考问题，想客户之所想，说客户之所急，这样才能够让客户对自己产生认同感，从而为双方的深入沟通和交流营造一个良好的氛围。

口才训练中当客户质疑投保的利润有点低时，销售员站在客户的立场上为其计算将来的受益；当客户要求折扣时，销售员从客户的利益出发，告诉客户挤压的利润会获得打了折扣的售后服务。"想客户之所想，说客户之所急"的表达方式最终赢得了客户的信任和认可，从而促使销售任务顺利完成。

口才训练要点

作为一个保险销售员，要想营造一个良好而深入的交流氛围，不妨从以下几个角度出发组织自己的语言。

1. 说出的话要契合客户需求

在保险销售活动中，要想了解对方在想些什么、对方的需要是什么，就得首先弄明白客户的需求是什么。客户的需求也就是他想迫切思考的、迫切需要表达的东西，所以销售员要懂得设身处地为客户着想，敏锐地洞察客户的独特需求，进而采取恰当的销售方式，这样才能把话说到客户的心坎里，当然也能使双方的交流氛围更加和谐融洽。

2. 运用同理心跟客户交流

同理心又称为换位思考、神入、共情，具体是指站在对方立场设身处地思考的一种方式，即在人际交往过程中，能够体会他人的情绪和想法、理解他人的立场和感受，并站在他人的角度思考和处理问题。利用同理心跟客户交流可以拉近客户和销售员之间的距离，使客户对销售员产生信任，同时也有利于客户快速接受销售员所销售的产品。

规避错误

保险销售员要想站在客户立场上说话，那么就一定要跳脱以自我为中心的桎梏，避免自说自话，避免一个人唱独角戏，避免抛开客户的感受一个人喋喋不休、口若悬河。一个聪明的保险销售员应学会换位思考，了解客户的喜好和需求，站在客户的立场上说话，从而避免让双方的交流氛围变得尴尬。

口才训练 6：说话底气足才能得客户心

口才训练

张浩是 ×× 保险公司的一名金牌销售员。自入职以来他就一直乐观开朗，自信十足，虽然中间经受过很多客户的质疑和冷落，但他始终干劲十足，每天信心百倍地认真对待着每一位客户。皇天不负有心人，在他手上成交的保单数量越来越多，他也成为令同行艳羡的"签单王"。一次，张浩在某小区门口设立了一个保险咨询点，这时一位年近 40 的中年男人朝他走了过来。

客户："小伙子，你这是推销什么保险产品啊？"

张浩："大哥，您好。我们的保险产品都在这张保险宣传单上写着呢，您了解了解。"

客户："哦，好的。"

张浩："大哥，您看彩页上的这款两全理财保险。两全保险又称生死合险，它是死亡保险加生存保险，意思是指客户在生前可以赚钱，当不幸身故时这笔钱可以留给后代。这是一款很受欢迎的险种，它可以用作储蓄，也可以用作养老，目前在国内广泛流行。"

客户："小伙子，听起来这款保险还不错。我看这上面还写着分红，不过好像第一年的红利有点少。"

张浩："大哥，你说得对，这款分红保险的周年红利第一年是少了点，不过只要有分红，大家就会有希望，这款保险的红利会随着公司的发展壮大而越来越多。公司经营得越好，发展得规模越大，分到客户手里的红利就会越多。您现在看到的只是公司给出的最低保底值，但实际上，我深信公司未来的发展前景不可限量，您得到的分红也会随着公司的壮大而水涨船高。"

客户："小伙子，你怎么就敢肯定买了这款保险只赚不赔呢？"

张浩："大哥，是这样的，这款两全理财保险具有储蓄性、给付性和返还性的特点。也就是说，只要您投保，您就能拥有终身保障，并且每年以 5% 的速度递增，同时每 3 年固定取息 1 次。您说这样您会赔吗？同时这一款保险还具有保单借款及附加医疗保障等功能，其实就是一个保障兼投资的综合险种。关于这款保险的分红计划，这上面有一个详细介绍，您不妨自己看看。虽然它不是完美的，但我坚信它能充分契合您的需求。"

客户："好的，那我看看。"

口才训练解读

保险销售员要想与客户深入交流，必须胸有成竹、自信满满，这是保险销售员成功销售产品的必备素质。当然，这样的自信不仅是对自身的，更是对保险公司和保险产品的自信。俗话说，自信是成功的第一要诀，只有你信心百倍、底气十足地与客户交流，你说出去的话才更容易直抵客户心头，同时也更容易让客户接受你所销售的产品。

口才训练中保险销售员张浩就是一个不折不扣的自信者。在介绍产品时，他多次用"深信""坚信"等带有肯定意义的词汇回应着客户的质疑。当然他底气十足的话语也坚定了客户了解和购买的决心，因此客户才会耐心地翻看产品的详细资料。

口才训练要点

保险销售员在与客户交流时要想表现得底气十足，首先要在介绍产品时实事求是，其次还要对自己产品的优势了解得一清二楚。

1. 产品介绍符合客观实际

每一个客户或多或少都有判断和辨别是非的能力，保险销售员向客户销售产品时若是肆意夸大产品的功能和作用，则很容易引起客户的质疑。当然，这种不实事求是、弄虚作假的话本身就是一种谎言，保险销售员又怎么会脸不红心不跳，底气十足地表达出来呢？

比如，"我们这款保险最大的优势就是让您花最少的钱获得最全面的保障。如果您买了这份保险，不仅可以帮您赚钱，还可以满足您所有需求……"这样严重偏离客观实际的言辞客户肯定会质疑，销售员自己说出来也会心虚吧！

2. 着力强调产品的卖点和优势

产品有优势，保险销售员介绍起来才会底气十足。可以说，产品的优势是销售员自信和骄傲的资本，如果没有了这个依据，销售员又怎么自信十足地要求客户购买呢？

比如，"您购买了我们这款保险之后，只要连续缴纳 × 年保费，就可以获得 ×× 万元的身故保险金、×× 万元的满期保险金，再加上 ×× 万元的养老金，一共能拿到 ×× 万元啊，这可是您缴纳保费总数的 3 倍啊！"有了强大的数据优势，销售员在介绍保险产品时自然会信心十足。

规避错误

保险销售员在介绍保险公司以及产品时禁忌说话磕磕绊绊、断断续续、语意不连贯，也不可低声细语、声若蚊蝇，当然更不能语无伦次、思维混乱，这些都是不自信的表现。为了避免这些情况发生，建议广大保险销售员在与客户交流之前事先做好各项准备工作，多给自己一些鼓励和暗示，这样才能在销售时营造一个良好的沟通氛围。

第五章　介绍好保险产品才能让客户吃下定心丸

介绍产品需要一定的技巧，特别是保险产品，由于其所具有的专业性和特殊性，在介绍时就更需要掌握技巧。保险产品的种类、功能、保障范围、缴费方式等都需要事无巨细、面面俱到地跟客户交代清楚。此外，如果客户对产品以及公司提出质疑，销售员也要懂得各种化解的语言技巧，从而促进销售活动继续进行。

口才训练1：为什么和客户谈风险

保险销售员："周小姐，咱们有好长时间没见了，暑假去哪玩了？"

客户："哎，别提了，倒霉透顶了。原本要去北京的故宫转一圈，谁知那儿正好下大暴雨，没了游玩的兴致。后来我们准备去看海，可是每年7—9月都是台风活动最活跃的时期，想想都不安全，随即取消行动。去云南吧，又怕遇上山体滑坡、泥石流。所以迫不得已只能在家窝着。"

保险销售员："是啊。近几年一到夏天，不管是南方还是北方，都会遭到大暴雨的侵扰，苦不堪言啊！您跟家里联系了没有？"

客户："联系了，我们老家洪涝灾害也特别严重，很多人家的房屋都被淹了。"

保险销售员："是啊，一到夏天，大家便开始刷屏'看海'。我想这主要是由于全球气温变暖、冰川融化才导致降水逐年增多的吧。对了，周小姐，我上次给您的那份保险资料，您看了吗？"

客户："这个暑假心情很不爽，没有一件事是如愿完成的，哪里顾得上看它啊。"

保险销售员："最近都在看新闻吧？"

客户："是啊，看着到处水漫金山，心里很不是滋味！"

保险销售员："人在大自然面前是微不足道的，谁也阻挡不了自然灾害的发生。当自然灾害发生时，您觉得最要紧的是做什么事情？"

客户："当然是救灾啦！"

保险销售员："对，缓解灾情、减少老百姓生命和财产损失是政府部门不遗余力要做的事情，但是老百姓怎么办？"

客户："不是有政府的救灾补贴吗？"

保险销售员："灾难突如其来，让人猝不及防，顷刻之间，一切化为乌有，所以有时候单纯依靠政府的力量就如同杯水车薪一样。"

客户："俗话说，树多成林不怕风，线多搓绳挑千斤。大家互帮互助，团结一致，总能渡过难关的。"

保险销售员："大家都是灾难的受害者，那个时候都是泥菩萨过河自身难保，即便有心帮忙，也恐怕心有余而力不足吧。所以自救才是唯一的出路，但是自救又有新问题出现了。"

客户："什么新问题？"

保险销售员："就是有无保险的问题。对于灾难，人们没有未卜先知的本领，不过有些人自身拥有极强的保险意识，很早就给自己的养老、疾病、意外等问题上了一把安全保障锁；有的企业也为了自身财产和员工的利益购买了保险。当然，也有一些人因为安全意识淡薄或者认知偏见，导致其与保险无缘。但是灾难发生时，保险公司在灾区都开通了理赔绿色通道，很多购买保险的人得到了赔付，而没有购买保险的人只能等待政府有限的援助，二者抵御风险的能力可谓是天差地别啊。"

客户："确实是这样的。"

保险销售员："那您对于灾难有什么看法？是不是觉得这些根本轮不到自己头上？"

客户："这一点，我不否认。我觉得大部分人都有这种侥幸心理吧。"

保险销售员："我分析了一下，您其实也能意识到保险的重要性，但就是心存侥幸，缺乏购买行动力，是吧？"

客户："对，其实购买一份保险也挺好的，我前段时间还在电视上看到一位养殖户因洪涝获赔几十万元的新闻。"

保险销售员："您有这样的保险意识真的挺好的。人家都说，平时注入一滴水，难时拥有太平洋。我再次郑重邀请您加入保险大家庭中来，科学合理的保险体系会让您今后的生活变得高枕无忧。"

客户："好！我也买一份吧。"

口才训练解读

明天和意外，你永远不知道哪一个先来。这是人们在面对突发的自然灾害或重大变故时最容易提及的一句话。但是这样的感慨通常只有在经历了大灾大难之后才会有感而发，如果放在平时安稳顺遂的生活环境当中，客户是意识不到风险的存在的。因此，为了激发客户对保险的需求，销售员需要和客户谈风险，为其制造危机感，让其意识到防范危机的重要性，这样才能激发客户购买保险的欲望，从而为签单创造可能。

口才训练中保险销售员就是从暑假旅游这个话题入手，一步步牵出生活中的很多灾难和意外，让客户认识到危机时时存在，从而加强了其对保险的需求，再加上销售员关于投保与不投保的差距引导，客户很快就做出了购买的决定。

口才训练要点

保险销售员在与客户谈风险时需要注意以下问题。

1. 引导客户认清危机

保险销售员："您最近看新闻报道了没有？××市发生了7级地震，无数房屋垮塌，数万人丧生，再加上震后连降暴雨、山崩、塌石、泥石流等，致使农田、道路、河床等破坏严重，通信中断，真的是雪上加霜、惨不忍睹啊！"

客户："可不是嘛，前段时间，沿海地区台风肆虐、拔树倒屋、水电中断、堤防冲毁，所到之处满目疮痍，狼藉一片。"

保险销售员："是啊，在灾难面前，人的力量微不足道。如果有一份保险保障还好，即便是自己的财产被洗劫一空，保险公司也会根据他们的投保情况给予其相应的赔偿；但是没有投保的人可就惨了……"

客户："我觉得我自己也应该买一份保险了。"

保险销售员："您能有这个意识非常好，我们公司针对意外事故，推出了这几种保险，您看看吧。"

风险无处不在，时刻敲响警钟。人们在安逸的环境中待得太久就会渐渐淡忘风险的存在，自然也就感受不到保险的必要性。因此，保险销售员要通过生活中发生的鲜活事例去告诉客户风险无法预测，预防防范措施不可掉以轻心；然后适时把话题引回到保险上，让客户对保险的重要性有更深入的认识，这样提出成交的请求之后客户接受的概率会增加很多。

2. 说话时要自然流畅，且富有感情

保险销售员利用风险增加客户危机意识时，一定要把讲述的案例、事件烂熟于心，这样说话才能自然流畅，起到很好的说服效果。

规避错误

有些经验不足的保险销售员，说话不得体。为了激发客户的保险意识，口不择言，无意识惹恼了客户，黄了保单。比如，"现在癌症的得病率非常高，万一哪天您也不幸患上了癌症，那您的老婆和孩子可怎么办呀？"这样直白的话让人听得很不舒服，敏感的客户难免会觉得你是在咒他，所以销售员在提及有关风险的事宜时一定要谨言慎行，切莫得罪了客户。

口才训练2：体检核保别怕麻烦

口才训练一

客户："这份保险方案保障范围全面，性价比也很高，我感到非常满意。不过我不想体检，因为我听人家说体检核保很麻烦，而且过程也很难受。小崔，你向公司申请一下，看看能不能给我省了这个体检的过程。"

保险销售员："张小姐，您想啊，一个人要想在河边玩耍，又不想湿鞋，可能吗？完全可能，您只要在鞋上加个防雨鞋套就可以了。这份保险也是一样，您嫌体检麻烦，当然也可以不体检，只需要支付双倍保费就行。这样的话，即使您的身体出现小问题，我们也能承保，因为我们多收了1倍的保费。可是，张小姐您这么年轻，平时又这么注重养生和锻炼，身体素质肯定要比其他人好很多，这样的话付双倍保费您就吃亏了。所以我觉得您也不想因为避免一点体检的麻烦就付这双倍保费，对不对？"

客户："那是自然。"

保险销售员："您放心，与我们合作的体检医师都是资历深厚的老专家，他们不仅经验丰富，而且还会为您提供很多健康保养的建议，并且体检时不会出现什么不适的感觉。我现在就为您做个预约，好吗？"

口才训练二

客户："体检核保太麻烦了，如果你能帮我省去这个环节，我现在就签单。"

保险销售员："李阿姨，您的心情我完全理解。其实投保体检也是为了您的健康着想，假如咱们现在只是单纯的买卖交易关系，今天我就会顺着您的意思了，让您多付一点儿保费免去体检这个过程。但是，咱们相处了这么长时间，我早已经把您当成了我的一个亲人了，从亲人的角度上说，我真诚地建议您参加这个体检。为什么这么说呢？您听我跟您说个真实的事吧。

去年，我的一位客户打算投保，一开始也是很抗拒体检，经过我一番苦口婆心地劝说，她才勉强去了医院。可就在那次检查中，细心的体检医师发现她有轻微的乳腺增生，后来她配合医生及时治疗和调养，很快就康复了。上个星期她还给我打来电话，说幸亏我当时催她体检了，否则乳腺增生不治疗病情严重了会直接发展成乳腺小叶增生，而乳腺小叶增生进而会发展成乳腺结节，最后会发展成致命的乳腺癌。她到现在还感慨那次体检给了她一次重生的机会。当然，后来她再次接受了我们安排的体检，并顺利通过核保成功投保。

我跟您讲这个故事，并不是说您也会遇到这样的状况，您现在岁数又不大，而且平时也没有什么不良的生活习惯，身体看上去很棒。我想说的是体检虽然麻烦一点，但是能够确认您的健康，这样您和家人岂不是更加安心了？当然体检也是您对自己及家庭负责的一种表现，您说对不对？"

口才训练解读

在保险销售活动中，销售员会遇到这样一类客户：他们明明已经有了投保的意愿，但是出于各方面的顾虑就是不愿意体检，这样很不利于销售活动继续进行。

对此，口才训练一中保险销售员通过巧妙的比喻说明了体检核保的意义，同时还强调了体检医师的经验与能力，有效打消了客户心中的顾虑，给客户树立了一定的信心和勇气，这是一种偏理性的说服方式。

而口才训练二中保险销售员采取的则是偏感性的说服方法，首先以一个亲人的口吻推心置腹地表达了自己对客户的真诚关怀，并且提出体检的建议；

然后通过讲故事的方式纠正了客户对体检的偏见，并提出接受体检确认健康也是对家庭负责的一种做法，动之以情，晓之以理，具有很强的说服力和感染力，非常值得借鉴。

当客户说"体检核保很麻烦"时，保险销售员可采用如下的两种技巧加以引导。

1. 运用生活化的比喻凸显体检的重要性

客户之所以拒绝体检，是因为他们没有认识到体检的重要性，更加不知道未经过体检投保需要付出双倍的费用，因此保险销售员只需要将这些道理通过一个生活化的比喻加以传达，他们就很容易理解和接受。此外，用生活化的比喻来进行阐述，更能凸显保险销售员的机智和专业素养，可以给客户更多的信赖感。

2. 举例说明体检的重要

有时一些干巴巴的道理远远没有一个发人深省的真实事例更具说服力。所以为了最大化地消除客户对体检的反感，保险销售员可以利用现实生活中的人或事加以引导，若这些事例是客户身边的或者熟悉的就更具说服力。不过需要注意的是，如果举的是老客户的事例，在未经老客户允许的情况下，切勿随意透漏其姓名以及投保信息，否则就违背了自己的职业道德。

比如，"李先生，邻居张大姐的身体恢复得怎么样？我前天看见她的时候，她还一个劲儿地念叨，要不是当时听了我的劝告做体检，到现在她都还不知道自己的身体里长了一个子宫肌瘤呢。"

"王阿姨，您看看保险报上的这篇报道吧，讲的是一位王先生的故事……"

规避错误

1. 说话的态度强硬，一不小心惹恼客户

有些保险销售员性格比较直率，说话不懂得绕弯，比如，"不体检投保肯定是不行的，我们公司不能为您开这个先例。""要么您接受体检，核保过后我们办理投保手续，要么您不体检但是要支付双倍的保费。"这样的语言不给客户留一点商量的余地，很容易引起客户的反感。

2. 说话言辞不当，伤害客户的感情

有些保险新人说话不知道轻重，更不懂得委婉表达，容易说一些有损客户自尊的话，比如，"您不体检，我们怎么知道您是不是已经有一些疾病来骗保的呢？""李先生，您社会阅历这么丰富，人又这么聪明，应该知道在跟别人签单之前需要对对方的诚信和实力做个调查，对吧？其实体检也是我们保险公司调查客户的一种方式嘛。"这样的说辞暗示着对客户人品的质疑，容易惹得客户生气。

口才训练3：让我告诉您怎么选合适的车险险种

口才训练

客户："新买了一辆车，给我推荐一些合适的车险险种。"

保险销售员："那麻烦您提供一下有关您个人职业、出行情况、外出频率、车辆主要用途等详细信息。"

客户："我是一名普通的上班族，开车时间主要集中在上下班时间，偶尔假期的时候还会开车出去旅旅游。"

保险销售员："好的，我知道了，根据您的情况分析，我推荐您购买第三者责任险、车上人员责任险、盗抢险、车辆损失险，您觉得可以吗？"

客户："还有其他险种吗？"

保险销售员："您要是想要最全面的保障，可以考虑全险，这样最省心，开车完全没有后顾之忧。"

客户："这个倒没有必要，只增加一两种就行！"

保险销售员："我建议您添加……"

口才训练解读

如今汽车几乎成为每家每户的必备品。汽车给人们提供便捷的同时也带来了很多安全隐患，因此为了保险起见，很多人都会买几份有关汽车的险种。

口才训练中，为了给客户提供一份合适的保险方案，销售员首先询问了客户有关出行的个人信息，这样就给险种的选择、保险方案的设计提供了必要的依据；当销售员为客户列举出几个可供选择的险种之后，他还不忘询问客户的意见和想法，给了客户充分的尊重和选择；当客户提出增加险种的需求时，他又根据客户的实际情况为其提出了针对性的建议。整个交流过程有条不紊，一气呵成，体现了保险销售员良好的专业素养。

口才训练要点

保险销售员在介绍车险时需要注意以下问题。

1. 详细询问客户个人信息

车辆潜在的风险与客户的出行情况息息相关，而客户的出行情况又需要根据客户的职业特点、交通乘坐习惯、外出频率等加以判断，因此为了给客户推荐其合适的险种，保险销售员有必要了解客户的这些个人信息。

2. 详细地介绍车险内容

通常客户对车险并不太了解，因此保险销售员除了要详细了解客户的出行情况外，还要记得将车险的含义、分类、保障范围等耐心地为客户解释清楚，让客户对车险有一个基本的认知。

3. 向客户推荐符合其需求的险种

客户需求是其购买车险的基本动力，因此，保险销售员推荐的险种要契合客户需求。当然，在推荐险种时，销售员还可以根据客户的实际情况挖掘并引导其潜在需求，使其充分认识到自己在驾驶车辆过程中可能遇到的各种潜在风险，这样客户才能更好地接受你所推荐的保险产品。

另外，在必要时还要记得向客户解释清楚你推荐的原因，强化客户的购买意愿，这样客户才不会觉得你是为了多收佣金而故意向其推荐多余的险种。比如，"北京人口密度这么大，停车位这么紧张，有时找不到合适的地方，我们不得不把车停在马路边，如果恰好是在监控的盲区，车上的玻璃有时会被人砸，所以我建议您购买全车玻璃险。"

规避错误

1. 告诉客户只要出事就可以理赔

这样的定心丸虽说可以强化客户的购买欲望，但实际上若真的出了事故，办理理赔手续是有很严格的要求的，如果客户信以为真，会给后期的理赔服务埋下很多隐患。

2. 关于车险方案的具体内容不阐述清楚

有的保险销售员比较神经大条，不会向客户仔细解释保单内各自的责任和义务，这就会给客户造成很多认知误区，同时，这些误区可能会给双方带来很多的纠纷，所以保险销售员一定要注意这一点。

口才训练4：免责条款究竟怎么回事

客户："保险中的免责条款是怎么回事，我可从未听说过。"

保险销售员："张先生，实在不好意思，这是我的疏忽，我的解释工作没有做到位，我应该详细地告诉您免责条款的内容。"

客户："那你现在给我解释一下吧！"

保险销售员："是这样的，免责条款中规定了保险公司免除赔偿责任的一些条款，您购买的这个险种免赔的内容包括……"

客户："原来你们保险公司还有这么一招啊！"

保险销售员："张先生，您别误会，保险公司之所以制定免责条款，是为了防止出现投保人故意隐瞒的情况，无证驾驶、酒后开车……由于违法乱纪行为造成的损伤不在理赔范围之内，当然我相信您一定不会触碰到这些违禁区。免赔责任范围之外的，针对保险条款载明的情况，公司会承担责任，您就放心好了。"

保险公司为了避免过度承担责任，往往会在险种中设置一些免赔条款，这在客户看来有逃避责任之嫌，因此，与免责条款相关的解释工作，保险销售员一定要谨言慎行。

口才训练中保险销售员面对客户的疑问，首先真诚地向客户致歉，缓解了客户的不满情绪，随后又耐心解释了免责条款的含义和内容，并且掷地有声地向客户保障，在赔偿范围之内的事故，公司会承担责任。这样的应对之言最大程度上消除了客户质疑，从而为签单扫清了障碍。

口才训练要点

有些保险销售员为了提升自己的销售业绩，故意省去了免责条款的解释工作。这种投机取巧的做法瞒得了一时，却瞒不了一世，极有可能引起保险公司与投保人之间的理赔纠纷，因此，销售员应该坚决杜绝。

此外，《保险法》第十七条规定，对保险合同中免除保险人责任的条款，保险人在订立合同时应当在投保单、保险单或者其他保险凭证上做出足以引起投保人注意的提示，并对该条款的内容以书面或者口头形式向投保人做出明确说明；未做提示或者明确说明的，该条款不产生效力。

由此可见，保险销售员有义务告知客户免责条款。如果客户主动问起关于免责条款的事项，销售员一定要真诚向客户致歉，及时弥补自己介绍工作不到位的过错，并且耐心向客户阐述保险条款中免责的内容。

为了更好地获得客户理解，销售员不妨向其解释保险公司制定免责条款的原因，比如，"保险公司制定免责条款是为了避免出现投保人故意隐瞒的情况，这样才能够有效地利用大家的钱，帮助需要经济补偿的保户渡过难关。"这样的话语很能说明免责条款的合理性，也容易被客户理解和接受。

规避错误

1. 让客户自己看合同

当客户问到"免责条款是怎么回事"时，有的保险销售员也懒得解释，只是向客户不咸不淡地说一句"合同上写着呢！"要知道客户并非保险方面的专业人士，很多专业名词也未必能看得懂，更何况这种懒散应付的服务态度本身就很让人反感。

2. 不愿意多次做解释

保险合同里大大小小的条款有数百条，介绍一遍客户记不住也是很正常的事。当客户再次提及免责条款时，销售员千万不能以一句"我上次不是告诉过您嘛"打发客户，这样不耐烦的表现会让客户感到心寒。

3. 告诉客户这些都是小事

这种"大事化小、小事化了"的不负责任的态度会为后期的理赔埋下隐患，最后损伤的是客户关系，坑的是公司声誉。

口才训练 5：保险公司倒闭了怎么办

口才训练一

客户："小张，这份保险三四十年后才能看到回头钱，我如果投保了，也交了很多年的钱，可保险公司突然倒闭了，那我找谁说理去？"

保险销售员："李先生，您的顾虑我可以理解，事实上很多客户也跟您有一样的顾虑。但是大家真的多虑了。您是个见多识广的人，我想问问您，这么多年，您见过保险公司倒闭吗？"

客户："这个倒是还没听说过。"

保险销售员："您知道保险公司为什么不会倒闭吗？因为它出售的产品不同于一般商品，它售卖的是一种保障，关系到千家万户的生活质量和稳定，因此，保险公司的经营行为受到国家相关部门的严格监管。而且《保险法》规定，经营人寿保险业务的保险公司除分立、合并外，不能解散。此外，为了安全起见，保险公司也会为自己和客户再保险，所以您真的是多虑了。我们公司自成立以来已经有十多年的历史了，与规模较小的公司相比，更能保障您的利益。您说是不是？"

客户："你们保险公司倒闭了怎么办？"

保险销售员："保险公司受到国家极为严格的监管，不仅会为自己和客户再保险，而且有责任准备金的保证，因此，保险公司倒闭的可能性几乎为零。李先生，相对于保险公司的倒闭而言，个人遭遇风险的概率会更大一些。您是不是也会担心自己出现问题时，家人怎么办呢？"

客户："我能明白你的意思，但就算它有多重保障，也还是有可能倒闭的。"

保险销售员："您真是一个谨慎的人！咱们退一万步说，假如保险公司真的经营不善，保监会也会出面指定其他保险公司接手，绝不会让其倒闭，所以您的利益不会因此而受到损伤。可是，如果一家之主倒下了，有谁能帮其家人解决他们将要面临的经济和生活问题呢？"

保险是一种长期性契约，保障期限短则数天，长则终身，保险公司一旦倒闭客户的利益难免会受到影响，因此，客户有这样的顾虑也很正常。其实，保险公司倒闭的可能性微乎其微。

为了打消客户的疑虑，口才训练一中保险销售员从国家监管、法律法规以及公司自身的历史与实力等方面来阐述；而口才训练二中保险销售员采用的则是"避虚就实"转移话题的方法，将客户的关注点转移到了自身的风险上，这样既避开了无谓的话题，又使销售向成功迈进了一步。当然，如果客户对保险公司仍然半信半疑，销售员还可以搬出保监会来给客户吃一颗定心丸。

当客户对保险公司的安全性提出质疑时，销售员可以像口才训练一、二所示那样，从国家监管、法律法规、公司的实力和口碑、保险公司的防风险措施等方面有力地说服客户。

同时，还有一个策略就是"避虚就实"，相比保险公司倒闭的风险而言，客户自身面临的风险会更大一些。保险公司有风险防范的措施，而客户面临意外时又该如何应对经济生活问题？这种"避虚就实"的方法可轻易转移话题，让客户回到风险保险的需求上来，进一步推动销售的进展。

除此之外，销售员还可以利用客户的从众心理树立其投保的信心。成千上万份老客户的保单牵涉到成千上万个家庭的利益，看到其他人——加入投保的行伍之中，客户受到从众心理的影响也会跟着做出相同的举动。当然，销售员还可以跟客户这样说："为了社会的稳定，为了大部分老百姓的利益，国家也不可能让保险公司倒闭。"这是销售员面对此类异议的又一个说服角度。

规避错误

1. 说话不留余地，把话说得太绝对

客户："你们公司倒闭了怎么办？那我投进去的那些钱不是打水漂了吗？"

保险销售员："这怎么可能，就算其他所有公司都倒闭了，保险公司也绝对不会倒闭的。"

世界上没有什么事情是绝对的，销售员把话说得越绝对，越容易引起客户的质疑。

2. 使用专业术语，影响客户的理解程度

保险销售员："您放心，国家规定保险公司注册资本最低限额为2亿元，而且必须是实缴资本，同时需要再保险和计提责任准备金，所以，保险公司是不会轻易倒闭的。"

再保险、计提责任准备金，这些专业色彩很浓的名词会给客户的理解造成一定的障碍，不利于双方的顺畅交流。

口才训练6：我想和其他公司综合比对一下

口才训练一

客户："小张，关于这份保险的具体内容我已经了解得一清二楚了，但是我还想和其他公司综合对比一下，毕竟这不是菜市场买菜，保费也是一笔巨额的开支。"

保险销售员："呵呵，李阿姨您不愧是持家的一把好手，谨慎而且理智，您丈夫有您这样一个贤惠能干的媳妇真是好福气啊。不知道您是想比较哪一方面呢，是保费、保障额度还是保障范围呢？"

客户："呵呵，您过奖了，过日子可不就得精打细算。买保险自然要货比三家，保费、保障额度、保障范围都需要综合权衡一下。"

保险销售员："您这样想我非常能理解。在为您设计这个险种时，为了让您对保险产品有一个更为深入的了解，我特意把行业内所有公司这一险种的详细资料都整理了出来，您看，××公司的这个险种优势在于……不足的地方在于……"

客户："哦，我了解了。"

保险销售员："您看，对比下来，我们公司的这个险种性价比是最高的，不论从保障额度，还是保障范围，或是从价格方面，都具有一定的优势。"

客户："行，这些资料我再仔细看看，考虑考虑，明天再给你答复，好吗？"

保险销售员："没问题，李阿姨。您如果觉得其他保险公司的产品不错，想找个业内人士咨询一下，我也可以帮您推荐几个其他公司的优秀业务员。没有最好的保险，只有最适合自己的保险，咱们能否合作并不重要，重要的是您有这么一份保障。"

口才训练二

客户："我想和其他公司综合比对一下。"

保险销售员："李先生，我想问一下，这份计划设计的险种、保障额度、保障范围以及每年的保费，您觉得哪一项比较不合心意？"

客户："还行，都挺好的。"

保险销售员："这样说来，您对这份保险计划还挺满意的，只是想和其他公司的产品对比一下，对吗？"

客户："嗯。"

保险销售员："您这么做也无可厚非，货比三家不吃亏嘛。不知道您打算考虑哪几家保险公司呢？"

客户："我有个亲戚在××保险公司买了一份保险产品。"

保险销售员："那您觉得那家保险公司怎么样？"

客户："这个我也不太了解。"

保险销售员："李先生，撇开保险公司不谈，您觉得保险对您和家人的生活意义大不大？"

客户："保险当然意义重大呀，否则我也不会考虑买保险。"

保险销售员："那您觉得保险最重要的部分在哪里？"

客户："这个嘛，我还真说不上来。"

保险销售员："如果有一天您的一位熟人发生事故了，您会先关心他理赔的金额呢，还是投保的公司呢？"

客户："当然是先关心他可以获得多少赔偿款了。"

保险销售员："对，如果我是您，也会这么说。这说明，有的时候，所选的保险公司并不是那么重要，只有适合自己的保单才是最重要的。您说对不对？"

客户："对。"

保险销售员："那么如果在这份保单上写一个受益人的名字，您希望是谁？"

口才训练解读

在市场经济条件下，任何行业都存在着激烈的竞争，保险业也不例外。这对客户而言，是一件好事，多个保险公司并存，选择的机会多了不少，因此购买之前难免要综合比对一番。那么，对于客户的挑挑拣拣，销售员应该怎么办呢？

口才训练一中保险销售员做了充足的准备，预先对各个公司的产品信息进行了整理，这样既可以帮助销售员辨明客户异议的真假，又能掌握主动权。当然，如果客户执意要先比较一下，保险销售员也不可急于当场促成，给客户留下一个好的印象也有利于后面的销售。

口才训练二中保险销售员采取的是转移话题的方法，通过一个巧妙的提问，客户的注意力就被引导到保单上来，从而使其不再在保险公司的话题上纠结。

口才训练要点

当客户说"我想和其他公司综合比对一下"时，销售员需要掌握以下几个应对的要点。

1. 对待竞争对手要端正自己的态度

在销售保险的过程中，客户为了寻找性价比最高的产品，难免在多家保险公司中比来比去。此时，销售员千万不可为了取得订单而肆意贬低或者攻击竞争对手，这样的做法会让你的专业形象和职业素养在客户心中大打折扣。

一般来说，聪明的销售员通常会事先深入了解其他公司的同类险种，这样在面对竞争对手时，才会不慌不忙，胸有成竹地引导客户朝着对自己有利的方向发展。

2. 用权衡比较法化解客户异议

销售虽然不是销售员一个人的独角戏，但是在与客户交流沟通时一定要牢牢掌握主动权，当客户需要和其他保险公司综合比较时，销售员要与客户一起来进行产品的比较和探讨，这样才不会被客户牵着鼻子走。

一般来说，在对各家保险公司的同类险种进行权衡比较时，保险销售员可以从以下几个因素入手：

比较投保人所获得的核心利益：保障范围、保障额度、保障时间、分红等；

比较保费：保费支付方式、保费金额等；

比较售后服务：理赔速度、理赔金额、手续办理便利程度等；

比较其他方面：入保年龄、健康观察期、免责范围等。

规避错误

1. 任由客户自行比较

客户："我想和其他公司的保险产品综合比对一下。"

保险销售员："那好吧，您可以先向其他公司的保险人员了解了解，如果还是觉得我们的产品好，您再给我打电话。"

这是一种非常错误的做法。销售员如果不积极争取，客户很有可能就如断线的风筝失去掌控，销售员也会因此而失去一次成交的机会。

2. 贬低竞争对手，纠缠客户签单

保险销售员："李先生，我从事保险行业已经五六年了，哪家公司有什么样的产品，我已经摸得一清二楚。您放心吧，我们公司的险种绝对要比其他几家好很多。如果您觉得这份计划可行的话，您就在这儿签个字吧。"

这样的话语不仅在贬低竞争对手，而且有点强迫客户签单的意味。更为关键的是这种自吹自擂式的劝说没有一点说服力，只会坚定客户要比较的想法。

口才训练7：孩子教育方面的保险怎么选

口才训练

客户："关于孩子教育方面的险种有哪些？"

保险销售员："大姐，在您的设想中，孩子将来会接受怎样的教育呢？上大学、出国留学，还是其他？"

客户："我希望他能踏出国门看看外面的世界，学习学习其他国家的文化知识。"

保险销售员："您真是一位有远见的母亲。教育支出的确是一笔很大的家庭开支，而且随着孩子受教育程度的提高，这笔支出会越来越大，所以早做打算是一个明智之举。这里有一份少儿教育金保险，我为您详细地介绍一下吧？"

客户："嗯！"

保险销售员："去美国留学，每年至少花费××万元，考虑以后的通货膨胀率，估计到时比这个费用还要多×万元，您现在每月支出××元，将来就能负担孩子的教育费用……"

<hr>

口才训练解读

如今父母对孩子的教育问题十分重视，为了让孩子能够接受良好的教育，成为一名高素质的人才，早早地就为孩子的教育基金做着规划。当客户问销售员孩子教育方面有没有什么保险时，说明他已经认识到教育保险的重要性了。此时，销售员首先应该详细了解客户对孩子预期的教育程度，然后根据客户，实际的想法为其推荐合适的保险方案。口才训练中的销售员就是这样做的。

<hr>

口才训练要点

孩子是父母生命的延续，更是父母对未来的希望。为了让自己的子女将来学有所成，出人头地，很多父母未雨绸缪，通过购买保险的方式做着子女教育金的规划。一般来讲，当客户询问有关孩子教育保险的问题时，销售员可以采取如下策略。

1. 询问客户对孩子的教育期待

不同的家长对孩子预期受教育的程度是不一样的，销售员只有了解了客户的规划和预期想法，才能为其提供符合要求的险种。

2. 计算未来教育金的数额

身为一名保险销售员，其实扮演着客户理财师的角色。客户当前的教育费用以及通货膨胀后的教育花费，都要详细地估算出来。此时，如果销售员能树立一个专业良好的销售形象，那么一定会大大增强客户的好感度以及认可度。

3. 估计客户的资金缺口

在对客户未来的教育金额有了一个大概的估算之后，销售员就需要从客户的现状着手，分析其目前的财务状况，从而估算出资金差额，让客户认识到将来可能无力承担孩子的教育花费。这样就会进一步强化客户的投保意识，从而有利于销售活动的顺利开展。

规避错误

1. 要求客户介绍孩子的情况

客户本来的诉求是了解孩子教育方面的保险，如果销售员要求其介绍孩子的情况，无疑会偏离保险销售的主题。客户若是滔滔不绝地讲述自家孩子的情况，那么交流的话题就会越扯越远，大大影响了销售效率。

2. 告诉客户教育险种有很多，然后要求其填写投保信息

签单是建立在充分了解和信任基础之上的，客户本来是想了解一下教育保险的详细信息，还未决定投保，如果这时候销售员急于求成，只会把客户吓跑。

口才训练 8：保险费率为什么总是在变

客户："保险费率变来变去，让人很不放心。"

保险销售员："先生，看来您对保险这方面还了解得不少呢！保险费率变化是有迹可循的，并不是随意变动的，您认为它变化快，是基于怎样的考虑呢？"

客户："每年的保费都不一样，费率高的时候岂不是要多交呢？"

保险销售员："就车险而言，费率的变更与其出险率有很大的关系。比如说，第一年如果没有发生事故，第二年续保时费率就会给您降低不少，以此类推，只要不出险，费率就会不断有优惠。您安全意识这么强，而且又富有责任心，一定能节省不少的保费呢！"

客户："哦，原来是这样。"

保险销售员："对，在安全驾驶的情况下，保险费率不会再往上涨了，保费也是越交越少。总之，保费的多少主要还是看个人的驾驶情况。"

对于一些警惕性较高的客户而言，保险费率变来变去，没有一个固定的标准让人很不安心。这上下浮动的费率是否就意味着一场骗局呢？这在不明就里的客户心里无疑会打上一个深深的问号。对于客户的此类异议，销售员最好通过询问的方式探明客户心里真实的想法，然后针对他们的疑问做出针对性的解答。

口才训练中销售员在得知客户疑虑的原因之后，非常耐心地告诉客户保险费率的变化是有章可循的，出险次数越少，优惠越多。待客户知道导致费率变化的真正原因后，就会卸下心防，真正接受这款保险产品。

口才训练要点

当客户质疑保费费率变化时，销售员可通过如下的几种技巧化解客户的异议。

1. 向客户介绍保险费率的概念和内涵

所谓的保险费率是指应缴纳保险费与保险金额的比率，是保险人按单位保险金额向投保人收取保险费的标准，一般由纯保险费率和附加费率构成。销售员在向客户解释这一名词的内涵时应尽量使语言通俗化，否则会影响客户的理解程度。

2. 告诉客户保险费率应遵循的基本原则

一般来说，保险人在制定保险费率时要综合考虑充分性、公平性、合理性、稳定灵活性和促进防损的原则。保险销售员要用通俗的语言给客户讲清楚这些原则，当客户了解了这些原则之后，就会打消停留在自己脑海里的片面化的观念。

3. 向客户展示费率规章

要真正打消客户的疑虑，空口无凭可不行。为了向客户说明费率符合相关规定，销售员可以通过正式的书面文件进一步佐证，有了这份权威的文件，存在于客户主观印象当中的一些不实的想法便会不攻自破。

1. 以公司的品牌信誉说服客户

这样的语言虽有一定的作用，但并不具有真正的说服力，有的客户甚至认为销售员将公司作为挡箭牌，从而衍生出反感的情绪。

2. 反问客户"怎么会呢"

这样的质疑会让客户很不爽。与其这样无力地反问，倒不如用专业全面的保险知识化解客户的异议。

3. 建议客户选择浮动程度小的险种

这样的说法无疑间接地承认了保险费率变化存在问题。因此即便是再换另外一个险种，客户还是会顾虑重重。

口才训练 9：保险怎么买才能赚钱

客户："赚钱的险种有哪些？"

保险销售员："请问您之前买过哪些类型的保险？"

客户："我从未买过保险，不过我想买一份能赚钱的保险。"

保险销售员："原来是这样。人人都希望自己能赚钱，您有这样的想法无可厚非，但是我认为保证资产的稳健、有效地防范风险，在保障现有生活水准的基础上投资才会更加让人安心，您觉得呢？"

客户："你说得对，那该怎样防范风险呢？"

保险销售员："给客户提供保障性服务是保险最大的特点。根据您现在的情况，我想为您推荐××险，具体的情况是这样的……"

口才训练解读

在很多客户的头脑中，对保险并没有一个准确的认识，他们只是把保险当作一种赚钱的工具，认为保险可以帮助他们获得很多收益。针对此类客户，销售员需要秉持负责任的态度，让客户知道保险的真正用途，以防客户在错误的认知中越陷越深。口才训练中销售员在得知客户想拿保险赚钱的想法后，郑重其事地告诉他防范风险的重要性，在获得客户对该说法的认可后，销售员便自然而然地把富有保障作用的保险产品引入话题当中。整个过程循循善诱，一气呵成，很值得大家借鉴。

口才训练要点

当客户本末倒置，忽视了保险的保障功能时，销售员要站在专业的角度为客户分析问题，让客户知道保险的真正价值。

1. 了解客户的投保情况

俗话说，知己知彼，百战不殆。在说服客户之前，首先要把客户的投保情况摸得一清二楚。如果客户有投保行为，那么就要问清其参保的险种、保险期限、保费等具体信息。掌握了这些信息有利于推进下一步的销售活动。

2. 引导客户了解保险的主要功能

有人把保险比作灭火器，宁可百日不用，不可一日不备。由此可见，保险最大的作用还是转嫁风险，对保险合同规定范围内的灾害事故所造成的损失，进行经济补偿。投资和回报居于次要的地位，它们是保障的附加功能。销售员需要用这些话语纠正客户的错误认知。

3. 向客户推荐合适的险种

在客户了解了保险的主要用途后，销售员可以结合其自身需求以及当前的境况，为其推荐一个满足其需求的保险方案。比如分红险种，在起到保障的前提下亦满足其赚钱的要求。

规避错误

1. 随便应允客户的需求

这样虽然暂时满足了客户提出的要求，但这样的险种并不一定能真正契合客户的需求。

2. 直接告诉客户保险不是用来赚钱的

有些解释还需要曲折详细一点才好，这样的话语并没有什么说服力。

3. 给客户介绍几款基本险种，并告诉他这是为他好

这样直白的话语客户未必会领情。有些人性化的关怀只需落到实处就行，并不需要销售员大张旗鼓地告诉客户，越是张扬，客户越是厌恶。

第六章　你需要一个说服客户的理由

销售是一个不断面对拒绝的行业，没有拒绝就没有销售。在与客户的交流沟通中，保险销售员会遭到各种各样的拒绝。比如，他想和家人商量商量、质疑公司的规模和声誉、嫌保费太贵、担心销售员离职、害怕续保困难等。对此，销售员必须正视每一次拒绝的价值，抓住每一次拒绝背后的原因，然后开动脑筋用你的口才不遗余力地化解每一个销售危机。

口才训练1：我需要和爱人商量一下

客户："小刘，我觉得这份保险还不错，不过我需要和爱人商量一下，毕竟买保险也是一大笔家庭开支呢！"

保险销售员："呵呵，李先生，您的做法我十分理解，不过我觉得您是在为太太制造一个大难题。"

客户："你怎么会这么认为呢？"

保险销售员："因为这份保险计划的目的就在于，当您发生意外或不幸时，有足够的治疗费用，还有足够的家庭保障费用。如果让您太太发表对此事的看法，她肯定觉得左右为难。家里能获得一份巨额的保障费用那肯定是好事，但是这份保障的前提是您发生一些意外，这当然不是您太太希望看到的。但是如果不赞同您买保险吧，万一将来真的发生什么，家里确实也需要这么一大笔钱来渡过难关。所以说，让太太做决定，无疑是在为难她。"

客户："这……"

保险销售员："其实，您之所以选择这份计划，最主要的是想给您妻子和孩子一个全方位的呵护，是一份沉甸甸的爱的体现，所以当您的太太知道有这么一份保险，一定能感受到您的良苦用心，她高兴还来不及呢？怎么会反对？您说是不是？"

客户："这份保单保额巨大，我必须得跟我老婆商量商量。"

保险销售员："看得出来，您非常在乎您爱人的看法，真是一个体贴的模范丈夫。您要和爱人商量一下我也非常理解，毕竟保费是要从家庭收入里支出的，争取太太的支持很重要。如果只有您同意，而您太太不赞成，势必会影响您家庭和睦的，我也不希望因为买保险让你们夫妻二人闹得不愉快。这样吧，您看什么时候方便，我们三个人可以一块儿就这个计划再探讨一下，不知道你们明天有时间还是后天有时间？"

口才训练解读

对一个家庭而言，买一份保险确实需要支出很大一笔费用，所以客户在购买之前想要征求自己爱人的意见也无可厚非。当然，也有的客户打算借商量的名义溜之大吉。因此，这就需要销售员练就一双火眼金睛，分辨清客户是真的要与家人商量，还是存在其他的顾虑与异议？口才训练一中当销售员得知客户是真的要与爱人商量时，便在情在理地阐述了投保给其爱人带来的两难选择，暗示客户这样做并非明智之举，从而激励客户自主做出决定；口才训练二中，当销售员看到客户坚决要与自己的老婆商量时，并没有执意阻挠，而是顺着客户的意思，主动约时间，争取三人探讨的机会，从而为再次拜访创造了可能。

口才训练要点

当客户提出"我需要和爱人商量一下"的异议时，销售员可以从以下 4 个步骤化解：

1. 认真倾听客户的心声并表示理解

当客户心里有异议时，为了不触怒客户，销售员首先应该表现出对客户想法与观点的尊重和理解，如："张姐，您要跟老公商量商量这很正常，确实，我的很多客户都有跟您一样的想法……"

2. 澄清异议的真假

客户的异议有真有假，他说要和爱人商量商量有可能是真的，也有可能是为了隐藏真实原因而找的敷衍搪塞的借口与托词，因此，销售员在处理异议之前首先要辨明真伪。一般来说，甄别客户异议的真假，销售员可以用排除法。比如，"李先生，您的意思是不是只要您爱人同意，您就会买下这份保险？"如果客户说是，那么证明他的话十有八九是真的；如果他支支吾吾，还有别的顾虑，那么就说明和爱人商量只是他的一个借口。

3. 灵活运用多种方法化解异议

在化解异议的过程中，销售员可以通过阐述客户爱人在面对投保抉择时可能产生的心理矛盾，迫使其打消商量的想法，也可以主动约好时间和地点，争取三方共谈的机会。当然还可以通过举例说明法、转移话题法、诱导设疑法、平摊价格法、以退为进法、反驳法、倒推法、顺水推舟法、生活化比喻等化解客户心中的异议。

4. 主动出击促成签单

异议解决后，销售员便可主动向客户发出签单的请求。比如，"您现在还有其他顾虑吗？这份保单的受益人您希望是谁呢？我们一起来看看投保单吧……"此时，销售员不必犹犹豫豫，因为客户永远不会主动要求签单，只有你积极果断，才有促成保单的胜算。

规避错误

1. 用激将法自毁长城

客户："我想征求一下我老婆的意见。"

保险销售员："这有什么好跟她说的，男人本就是一家之主，买份保险还需要和老婆报备？只不过每年区区五六千元钱，还不是您一句话的事儿？"

用这样带有贬义的话刺激客户必然会引得他勃然大怒。这不仅不会助力于销售活动，反而会给客户留下一个非常坏的印象。

2. 消极被动地回应客户的异议

客户："我想和我老婆商量一下。"

保险销售员："买保险是一家人的事，您要与太太商量我也能理解。那这样吧，今天我先告辞了，等你们商量好了再联系我啊。"

该销售员没有为下次拜访约定时间地点，甚为不妥，假设客户真的想借机开溜，那销售员岂不是白白错失一次销售的机会？

口才训练 2：我只想买最便宜的保险，你们的保费太贵了

口才训练

客户："你们的这个保费太贵了，我只想买最便宜的保险。"

保险销售员："我前两天有一个客户，刚开始他和您的想法一样，也觉得保费太贵。但听完我的解释之后，就痛快地签了合同。"

客户："真的？"

保险销售员："当然是真的了。其实在日常生活中，我们一直都在消费，享受明亮的灯光、凉爽的空调、美味的饭菜等，都需要支付费用。保险也是和这些一样，只是正常生活的一项消费。就现在的生活环境来看，高的不是保费，而是各种风险。万一生病了或者出现意外事故怎么办？未来的子女教育费、父母养老、自己养老的费用不够如何应对？这些风险何不让保险公司来承担呢？

113

一个月也没有多少钱，还不够您在外面吃一顿饭。而且，保费的制定，要经过严格的计算，提交保险监管部门批准才行，否则这个产品无法上市销售。所以，您不用担心，绝对划算。"

客户："你说得也有道理。"

保险销售员："对啊，我给您推荐的这份保单，涵盖的保障权益非常多，抗风险能力很强，您现在只需要在合同上签字，以后的生活就可以高枕无忧了。"

口才训练解读

当客户提出"我只想买最便宜的保险"时，他们很有可能是抱着试一试的心态，先拿最便宜的保险看看效果，也有可能觉得保险买得越贵，保险公司赚得越多，他们亏得越多。当然，也有可能是真的没钱。不过，无论是哪种原因引起的异议，销售员都不能听之任之，按照他们的意向推荐。

理智的保险销售员应时刻都能记得自己的销售目标，他们会通过沟通让客户认识到保费并不是其选择险种时唯一考虑的因素。当客户的思维归于理性，那么，此类的异议便可迎刃而解。

要想打破客户"保费便宜"的思维空间，销售员可以客观地为其阐明利弊，使其认识到便宜保单保障范围的局限性以及高额全保的益处，让客户明白倘若一味追求便宜，那么假如有一天意外来临，就只能凭借保单获得有限的经济赔偿，自己承担剩余部分，这样也就失去了投保的意义；但是如果选择一套合适的保险方案，选择一套高额全保的险种，那么就能为自己提供较为全面的保障，心理上获得长久的安宁，生活的幸福感也会提升。

这种事关客户利益的话语很容易动摇客户只买便宜保险的决心。上述口才训练中销售员就是利用形象的比喻告诉客户保费高的险种和便宜险种之间的区别，这样利弊得失一分析，客户就会慢慢改变原来的想法。

口才训练要点

化解客户此类异议的语言示范及分析如下。

（1）"有得必有失，保费便宜的险种虽然花钱少，但是它保障的范围小，您获得的保障权益也少，它不能为您提供××方面的保障，我为您设计的这套保险方案，保费虽不是最便宜的，它却能够提供全面的保障，比如……"

保费便宜并不等同于占到便宜，保险销售员要把高额全保和便宜险种之间的利弊掰开了、揉碎了，好好跟客户说说；并且说的时候要保持微笑，层次清晰，语气坚定自然，使之充分认识到险种全面带来的好处以及便宜保险的弊端。

（2）"咱们都知道，智能电视要比非智能电视贵，但是人们纷纷舍弃非智能电视而买智能电视。这究竟是为什么呢？原因是它能够给人们带来更为精彩的体验。保险也是同样的道理，保费越高的险种，您收益也越多。"

运用比喻的语言技巧深入浅出地告诉客户购买最便宜险种并非最佳选择。

规避错误

1."没事，不管您做任何选择，我都会尊重和理解您的。"

这样的话看似给予客户自由的选择权，但是并没有让客户得到全面的保障，不值得提倡。

2."我给您设计的这个保险方案也不贵。"

直线式的应对思维最好不要随意使用，销售员并未了解客户真正的内心活动，而且也没有化解其内心的异议，又怎么能轻易使其放弃原来的想法呢？

3. "我刚才为您介绍了那么多！"

这句话暗暗埋藏了一些责备的意味，同时也使其感受到一股无形的压力。带着这种略微愧疚的心理，客户一定会想办法逃离现场，从而给销售活动带来新的困难。

口才训练 3：你们公司没有人家大，我没有信心

口才训练

客户："你们公司没有人家大，谁知道靠不靠谱？"

保险销售员："张姐，您之前是否有过买保险的经历？"

客户："没买过，不过我有这方面的考虑。"

保险销售员："那您打算买什么险种呢？"

客户："健康险。现在生一场大病花费可高了。"

保险销售员："谢谢您对我坦诚相告，不过就公司的名气与产品的性价比和服务相比，我相信您更看重后者吧？"

客户："那是自然。"

保险销售员："买保险要货比三家，我建议您先了解了解各家公司推出的健康险的详细情况，然后再做打算。您买不买我们公司的产品没关系，但请允许我为您介绍一下我们公司的这一款健康险……"（介绍公司的产品。）

口才训练解读

一般来说，当客户质疑公司的规模时，可能是对你公司的保险产品以及

售后服务不太信任，总觉得规模大的公司，服务会更优质一些，产品会更好一点。其实客户有这样的想法也无可厚非。人往高处走，水往低处流，是亘古不变的真理，客户想追逐更优质的保险品牌也能够理解，所以保险销售员碰了这样一个钉子首先要放平心态。

要化解此类异议，销售员可以顺着客户的意思，指出品牌公司的优势；但是，品牌公司虽好，并不意味着其他保险公司就失去竞争力。销售员完全可以把谈话的重点引到自家产品和售后服务的优势上来。只要销售员态度真诚，说话有方，就一定能赢得客户的信赖。口才训练中销售员就是以这样的方式把双方交流的着眼点从品牌名气引导到保险及服务上来的，其中的语言技巧很值得大家借鉴。

为了更好地赢得客户信赖，销售员还可以为其推荐一款合适的险种。但是，在推荐之前，销售员需要掌握足够的信息，了解客户的需求，这样才能更好地激发客户的购买意愿。

口才训练要点

当客户提出"你们公司没有人家大，我没有信心"的异议时，销售员不妨从以下几个角度化解。

1. 转移话题法

当公司在名气和品牌强度方面有所欠缺时，销售员不要妄自菲薄，虽然公司没有品牌优势，但是这并不意味着不可以为客户提供优质的服务。在化解此类异议时，销售员向客户坦诚地交代不足之处，然后转移话题，为客户提供一份优质的保障，这才是智者所为。一份全方位的保险保障、一份满意的售后服务才是客户实实在在想要的。所以销售员千万不要做无谓的争辩，更不要诋毁竞争对手，因为这样非但不能赢得客户的信任，打开销售的突破口，反而会给其留下一个不好的职业形象。

比如，"先生，您有这样的想法我也能够理解，可能是我们的宣传工作还没有做到位吧。只是和公司名气相比，我相信您更加看重产品的性价比和服务吧？"

为了建立客户对保险产品以及服务的信任，销售员说这些话时需要言辞诚恳，语气坚定，表情真挚。

2. 了解客户投保现状，探知客户需求

一份契合客户需求、关乎客户利益的保险最能打动他的心，因此销售员不妨问一句："先生，请问您是否买过保险？买的是什么险种呢？"这样就能为其推荐出具有针对性的保险方案。

3. 凸显自家保险的独特卖点

卖点是激发客户购买欲望的关键所在，所以销售员需要着重强调所推荐险种的独特卖点，让客户认识到自家的保险产品并不比竞争对手的差。比如，"买保险我觉得适合自己的才是最好的。结合您的情况，我认为这款保险是最适合您的，它可以给您带来全方位的保障，它的保障范围很广，包括……"

规避错误

1. 给客户一个笼统而又模糊的回答

有的销售员为了取得客户的信任，就对他们说："已经有很多客户选择购买我们公司的产品了。"其实这样的回答并没有说服力，也很难建立起客户对公司以及产品的信任。

2. 诋毁竞争对手

有的销售员为了化解客户的质疑，不择手段，用"××公司有什么好，他们……"的话故意贬低竞争对手。其实这样的做法无异于饮鸩止渴，并不可取，如果只是一味地扬自己威风、灭他人志气，客户难免会质疑销售员的品德。

3. 说一些与客户利益无关痛痒的话

客户最为关心的是自己的利益，如果销售员只是针对客户的异议说自家公司规模如何如何大，加以反驳的话，不但无法取得客户的信赖，反而有可能给客户留下一个自吹自擂的不良印象。

口才训练 4：我是月光族，根本存不下钱

口才训练

客户："我是月光族，每个月根本攒不下钱来。"

保险销售员："您这会还非常年轻，没有车贷、房贷、结婚、生子、养老的重任，如果现在无法存钱，以后面临的压力可想而知了，到时候该怎么办呢？"

客户："对于未来我也是忧虑重重，但每个月水费、电费、房费、伙食费样样都得花钱，根本剩不下钱！"

保险销售员："其实刚刚踏足社会都这样，我干第一份工作时情况和您差不多，不过这种状态持续下去不利于我们实现预期的储蓄目标。有一句话叫，昨天多几分钟的准备，今天少几小时的麻烦。如果您每天能存 10 元钱，一直坚持下去，就能够得到一份保险，到 70 岁时，您养老、看病问题就有了一大笔金额做保障，您觉得怎么样？"

客户："听着还挺有意思的。"

保险销售员："我为您详细地介绍一下吧！"

在这个压力山大的快节奏社会，很多人都是名副其实的月光族，因此很多客户觉得自己维持基本的生活都勉为其难，怎么会有闲钱去买保险呢？而且保险的期限又比较长，难保不出现续保困难的尴尬。那么面对这类客户，销售员应该怎么办呢？

其实月光族大多都是自制力不足，不善于理财，在日常消费中不懂得节制的人。对于这类人，销售员首先要以理解的口吻认同他们的处境，以获得他们的好感。其次还要帮助客户联想以后的场景，引发他们深入思考，让他们产生危机感。比如口才训练中销售员说的这段话："您这会还非常年轻，没有车贷、房贷、结婚、生子、养老的重任，如果现在无法存钱，以后面临的压力可想而知了，到时候该怎么办呢？"最后趁着这个当口为他推荐一份适合的保险，这样成功的概率会非常高。口才训练中的销售员做得很好，所以他最后成功激发起客户进一步了解的兴趣，从而使签单成为可能。

当客户说"我是月光族，根本存不下钱"时，销售员可以通过以下几种方法化解客户的异议。

1. 分析无法存钱的原因

有的客户消费习惯非常不好，常常寅吃卯粮，花销不懂得节制。这个时候销售员就得从其消费习惯入手，让客户知道月月光的原因，使其认识到强制储蓄的必要性。

2. 不断扩大客户的痛点

人生在世，不如意之事十之八九，谁也不能保证自己一辈子与风险、危机无缘。销售员不妨从这个角度分析，戳中客户的痛点，从而唤醒客户对保险保障的需求。风险无处不在，一份意外险能够为客户提供应对意外事故的保障，且意外险的保费相对较低，客户有支付能力。

3. 选择保费较低的险种

客户既然是月光族，那么其经济承受能力应该很弱，因此销售员需要给其设计一个保费相对较低的保险方案，这样更容易让客户接受。此外，为了降低客户对金钱的敏感度，销售员还可以采用分摊法，告诉客户每个月只需要存入少量现金，长久地坚持下去，就可以获得可观的储蓄收益。

规避错误

1. 用质疑的语气和客户说话

有些销售新人在听到客户这样的异议后，想也不想就说："您的收入这么高，怎么会存不下钱？"类似这样的话其实是在暗示客户在撒谎，试想受到质疑后的客户心里会舒服吗？你的销售活动还能顺利开展下去吗？

2. 含糊其词的话让客户生疑

应对此类异议，有的销售员会说："保险就是帮助您解决这个问题的。"殊不知保险是起一个保障作用的，又不是赚钱的工具，怎么能解决客户眼前的经济难题呢？

3. 用说教的方式对待客户

对待月光族的客户，经验匮乏的销售员忍不住要说教几句："您需要加强自制力！"这种与保险无关却又带有批评说教意味的话很容易惹得客户反感。

口才训练5：你要是离职了我去找谁

客户："要是你离开了这家保险公司，到时候我还找谁理赔啊？"

保险销售员："关于这点您多虑了，我是公司的销售代表，代表的是公司，不是代表我个人，所以和您签约的也是公司，您的利益公司会负责到底的；而且您投的保险是受到《保险法》保护的，具有法律效力。所以我是否离开公司并不会影响到您自身的权益。"

客户："可是保险公司这么大，我谁也不认识，找谁去？"

保险销售员："张姐，您的这个顾虑我也很理解。只不过假如我不干了，公司会派遣其他销售员为您提供服务，作为一个正规的保险公司，绝对不会让您的保单没人管的。"

客户："哦。"

保险销售员："更重要的是，我踏足这个行业已经有七八个年头了，早就把它当作一份事业在经营了，而且越来越有干劲，所以不会轻易离开，我要是觉得这份工作不靠谱早就不干了。所以您就放心吧，我会竭诚保障您的权益，现在您只需要在合同上签字，请！"

保险销售是一份充满挑战的工作，因此公司人员流动性大也属正常，但是这种现象在客户眼里却很不靠谱，因为保险期限长，一旦销售员离职，将来需要理赔的时候该找谁呢？

为了让客户安心，销售员可以着重强调保险合同的法律效力以及公司的实力，也可以耐心阐述保险公司、客户、销售员三者之间的关系，使客户充分认识到销售员只起到辅助作用，公司会按照合同继续履行义务与责任，这样客户的疑虑就会化解一大半。

除此之外，销售员还可以大谈自己的从业经历、职业规划以及对保险事业的信心和决心，这样也能给客户吃一颗定心丸。口才训练中销售员就是采用上述这几种语言技巧使得客户相信销售员的离职不会对自身享受的服务和权益带来影响，从而有力地化解了客户的异议。

口才训练要点

销售员跳槽或离职的情况时有发生，客户担心自己的续保、理赔或者售后服务无人接管也是人之常情。面对此异议，销售员应该如何化解呢？

1. 言语之间充满自信

自信是制胜的秘诀。当客户对销售员提出质疑时，销售员首先要端正自己的态度，回应的话语不能带有丝毫的犹豫与怯弱。镇定从容、自信十足的语言感染力会给客户建立一定的购买信心。

2. 用公司的实力和口碑打消客户的疑虑

一名优秀的销售员懂得灵活运用各种手段取得客户的信任。除了口才训练中几种语言技巧之外，销售员还可以给客户提供以往客户的案例和推荐材料、图表、曲线图、投资收益表等博得客户对公司以及自身的信赖。

规避错误

1. 告诉客户自己没有离开的打算

现在不离开，不代表以后不离开。有些险种的保险期限特别长，这样的回答怎么能够让客户放心呢？

2. 说客户想得真长远

这种没有说服力的话并不能打消客户的顾虑。而要想让客户真正放心，除非拿出实实在在可信的证据，否则就不要多说这些浪费唾沫星子的话，销售讲究的是效率。

口才训练6：我不缺钱，不在乎保险公司那点赔偿

客户："我有的是钱，不在乎保险公司赔的那点钱。"

保险销售员："您的想法我能理解，只是咱们中国人素来有子承父业的传统，父母辛辛苦苦赚钱都是为了留给孩子花，您说对吗？"

客户："对啊。"

保险销售员："古人云，父母之爱子，则为之计深远。与其把您的钱直接给他，不如用这些钱培养他们赚钱和理财的能力。现在有一个理财方案可以让子女定期领取一定的金额，这既能保障他们以后的生活质量，又能锻炼您孩子的理财能力，您何乐而不为呢？"

客户："你的意思是购买保险？"

保险销售员："您说得对，这里有一款××险种，我为您介绍一下吧！"

在现实生活中，有这样一类客户，他们生活富足，事业有成，财产丰厚到足以应付任何风险，所以他们总觉得自己有的是钱，根本不需要保险公司分担风险。对于此类客户的偏见，销售员首先要顺着他们的意思表示出自己的理

解，然后结合当下实际，促其考虑子女继承财产的问题，引发他们对子女"授之以鱼，不如授之以渔"思考，这样销售员就可以趁机把保险的话题自然而然地引入其中。

口才训练要点

面对自认为财产丰厚、不屑于购买保险的高收入人群，应该如何找到销售的突破口呢？以下是相关的说服技巧。

1. 风险人人都有，有钱人也不例外

一般来说，在同样的风险下，财富越多的人，受到的损失越大，所以有钱并不意味着以后的生活就可以高枕无忧了。有钱人同样面临着投资经营的风险、经济环境的风险、社会环境的风险、国家政策的风险，一着不慎满盘皆输。所以保险可以作为一种帮助他们转移风险的工具，遇到突发事件时，他们还能借此渡过难关。保险销售员只需将这些道理讲给此类客户听，相信就可以打开销售的突破口。

2. 有钱人的资产也有增值和被保护的需求

对于保守的人来说，一般会把钱存在银行里；但是对于有生意头脑的人来说，他们会通过投资来保证资产增值，因此，这就需要雄厚的资产为依托。不过既然是投资，那就免不了风险。一般规避风险最有效的方法就是"不要把鸡蛋放在同一个篮子里"，而保险作为一种保障和理财的工具，自然能够为客户保留部分财产，免除他们的后顾之忧。

故而，销售员可以从这些角度出发，说服客户打破固有的思维定式，肯定保险的作用与意义，进而接纳保险这种理财方式。

语言示范具体如下。

（1）"我知道您的事业发展得很好，财富也累积得不少，只不过这些和您的价值比起来都微不足道，毕竟它们只是身外之物。今天我为您介绍的这款险种，考虑的是您本身，您可不可以抽出几分钟时间，让我为您介绍一下？"

这样的语言将交流的重点从钱财转移到了客户身上，既合情合理，引人深思，又将客户的注意力引到保险产品上来，从而有利于销售活动继续进行。

（2）"保险只需缴纳很少的保费，就可以获得几万或者几十万的保障，所以它可以说是一个以小博大的智慧。在遭遇风险时，它就像荒漠里的一滴水一样，给人以希望和保障。"

阐述保险的理念，让客户充分了解到"保险能够减少意外带来的损失和危害"，跳脱对保险的狭隘认识，从而接受保险。

规避错误

1. 反问客户到底有多富有

当客户说："我不缺钱，不在乎保险公司那点赔偿。"有些经验匮乏的销售新人会忍不住反问："您到底有多少钱？"这种探究隐私式的问题会激怒客户，从而使这次交流机会白白打了水漂。

2. 反问客户既然不缺钱，为什么还要赚钱

这样的问题看似杀了客户的锐气，可是也会让客户心里非常不舒服，双方的沟通和交流也会受到影响。所以聪明的销售员一般都会旁征博引地启发和引导客户，而不是说一些与销售无关的话激怒客户。

3. 重新给客户介绍针对富人的险种

这样的说辞并没有让客户真正地消除了对保险的质疑和偏见，因此即便重新推荐另外一个险种，客户也未必愿意深入交流。

口才训练7：我还年轻，以后再买

　　客户："小李，我倒不是说你们设计的保险有问题，只是我现在还年纪轻轻的，以后再买也不迟。现在身体健健康康的，买了保险也没有用啊！"

　　保险销售员："您这么说也很有道理，年轻和健康是一个人最大的财富与资本。王哥，买不买保险咱先不讨论，如果现在有人送您一份保障权益的话，您希望这受益人是谁呢？"

　　客户："这毫无疑问，肯定是我的爸妈啊。"

　　保险销售员："为什么呢？"

　　客户："我爸妈一辈子辛辛苦苦把我拉扯大不容易，在我身上几乎倾注了全部心血，我肯定想好好报答他们。所以受益人非他们莫属。这样一来，我即便有个什么特殊情况发生，他们也可以有一点基本的保障。"

　　保险销售员："王哥，您真是一个孝顺又贴心的好人，您父母有您这么一个好儿子一定非常幸福和欣慰吧？"

　　客户："哪里哪里，你过奖了，为人子女本来就应该懂得知恩图报。"

　　保险销售员："您这么年轻，敢闯敢拼，将来一定能奋斗出一份事业，让二老安享晚年。可是中国也有一句古话叫：天有不测风云，人有旦夕祸福。如果上天不给我们这么长时间呢？假如有一天来不及孝敬爸妈呢？他们又能去依靠谁呢？"

　　客户："这……"

保险销售员："我知道您年纪轻轻，身康体健，所以有没有保险都无所谓。但是我们生而为人，难免会有很多的牵挂，首先恩深似海的双亲就让人放心不下。保险是爱的承诺，是责任心的具体表现，如果真的有什么意外情况发生，这50万元可以让父母的生活有保障，如果您平平安安，这50万元也可以作为您的养老金。您看，受益人这一栏您填一下父母的名字好吗？"

口才训练解读

"我还年轻，以后再买"这是保险销售员常常会碰到的话语。针对此类异议，销售员不妨采用倒推法，先假设对方投保，然后借机探寻到客户紧迫需求，随后销售员便可从客户的这一"软肋"开始着手，唤起其对保险的需求。口才训练中销售员采用的正是这种倒推法，他首先假设客户获得保单，然后询问客户最想让谁受益，在得到客户最在乎的是自己的双亲之后，销售员就将此作为突破口，一步步地激发客户的责任感和对保险的迫切需求，从而达到促进销售的目的。

倒推法常用的语言技巧如下。

"李先生，假如今天我送您一份免费试用10天的保险，那么您希望这份保单上的受益人是写谁的名字？"

"王姐，撇开这个问题不谈，您觉得医疗、养老还有意外，这3类险种哪个更重要一些？"

口才训练要点

当客户提出"我还年轻，以后再买"时，销售员需要从现实出发，用事实和逻辑推导出未来的必然结果，用恰如其分的语言技巧"温柔"地点破那个客户用来麻醉自己的谎言，让他们用清醒的头脑正视现实和未来的生活。常用的语言技巧如下。

"开车的人都知道，每辆车子的后备厢里都有一个备胎，这是出行的必备条件。无论您开的什么车，都得准备着，以防意外。在生活中也一样，不论一个人收入多少、年轻与否，都应该为自己买一份合适的保险，让自己和家人多一份安心和经济上的收益，有备无患。一旦有一天风雨来临，我们至少有抵御风雨的能力！您说对吧？"

"正因为您还年轻，所以才要抓紧时间购买一份适合自己的保险，因为越年轻，缴纳的保费就越少。而且年轻的、身体健康的客户更容易获得保险公司的认可。此外，年轻人本来就社交范围广、活动量大，承担的责任也大，故而更需要保险来分散可能的风险。"

"灾祸面前人人平等，意外和事故不可能因为碰到年轻人就绕道而行，一旦发生什么特殊情况再上保险就什么都晚了。正因为年轻，事业刚起步，才要购买保险增强自己抗风险的能力。而且更为重要的是，年轻时候投保，缴纳的保费少，还可以尽早得到一份保障。同时，投保有强制'储蓄'功能，还可以帮助您培养良好的消费习惯，真可谓一举多得。"

以上便是销售员化解此类异议的切入点。此外，销售员在说服年轻人投保时还需要为其推荐保险金额不大的险种，毕竟他们的支付能力有限，如果投保金额巨大，一定会导致销售失败。

规避错误

销售是一门语言艺术，在面对年轻客户时，销售员切忌不顾分寸，言语中不可带着说教和批评的意味。比如，"你到底是刚毕业的年轻人，缺乏一点责任感，你年轻健康好像确实不大需要保险，但是你的父母需要啊。"当然，销售员也不能告诉客户"年轻健康才是买保险的好时候，等您年纪大了，身体没现在这么好了，那时候根本没有一家保险公司敢接受您的投保"这些话都是交流的雷区，销售员最好谨慎措辞，以免惹得客户发怒。

口才训练8：我在单位已经上了社保

客户："小李，虽然你设计的这份保险方案我很满意，但是我在单位已经上了社保，医疗、养老也都能全面覆盖，所以就没有必要再多买一份保险了。"

保险销售员："您说得对，社会保险确实给我们带来了一些基本福利。张大哥，保险不保险的咱们先不谈，我先问您一个生活上的小问题，现在您抽烟用的都是高档金属防风打火机，如果把它扔掉，让您使用火柴，您还愿意吗？"

客户："现在都什么时代了，谁还有火柴点烟，那都是老古董了。"

保险销售员："对啊，您看，现在您家庭每个月分配到吃、穿、用等方面的费用是 8 000 元，将来靠社保养老的话，按我们这个地区的平均水平来说，也就 4 600 元，您年轻时过的是月开销 5 000 元的日子，现在却缩减了一半，这就相当于用惯了高端便捷的打火机一下子又让您使用火柴一样，您能适应吗？"

客户："这……"

保险销售员："您看，在咱们的生活中，也许只要几个馒头和一杯水就足以解决温饱问题了，可如果想要日子获得更丰盛一点，还不是需要把各种鸡鸭鱼肉、水果蔬菜都置办齐全了？可以说，社会保险就像这些简单的馒头和水，只能维持正常状态下的最低水平，而这份保险计划就像鸡鸭鱼肉和水果蔬菜，能给您和家人提供最全面的保障。您说是不是这样的道理？"

口才训练解读

在很多人的印象中，有了基本的社会保险也就有了一份保障，对于保险公司的其他险种一概拒之门外。其实社会保险只是满足人们最基本的生活保障，而商业保险会让保障范围更大、更细、更全，所以二者不是对抗排斥的关系，而是互为补充。

为了纠正客户这样的偏见，口才训练中保险销售员就举出了"高档金属防风打火机"和"火柴"这样生活化的例子，引导客户认识到自己所销售的商业保险和社会保险的明显差距；然后再举出生活中"馒头和水"与"鸡鸭鱼肉和水果蔬菜"的例子，生动形象地告诉客户有了社会保险还远远不够，还需要商业保险才能更好地丰富和完善客户的保障体系。这种生活化的比喻更容易为客户所理解，当然也更容易打动客户的心。

口才训练要点

很多客户对社会保险没有一个基本认识，更不了解社会保险与商业保险的本质区别，因此，常常会以"我在单位已经上了社保"这样的说辞拒绝销售员。为了预防客户提出这样的异议，销售员应该事先做好准备工作。

在为客户设计保险计划之前，应全面掌握必要的客户信息，这样在为其设计保险方案时，相关的险种、保额、保障范围就会心中有数，即便客户已经投保，销售员也可以用自己所销售险种的优势来加以引导。

当然，如果客户仍然不肯放下心中的偏见，那么保险销售员便需要耐心地为其阐述社会保险的概念、保障的范围、保障的金额以及其与商业保险的本质区别。当客户意识到二者的关系不但不冲突而且是优势互补的时候，便会从心里接受除社保以外的其他险种。

另外，为了让客户更好地认识商业保险的优越性，销售员还可以像口才训练中所述那样运用生动形象的比喻加以说服。社会保险仅使晚年"过得了，活得下去"，商业保险却使晚年"过得好，过得有滋有味"。

应对客户"我在单位已经上了社保"的异议，销售员可参考以下语言技巧。

"社会保险只是在您退休后给您提供的最基本的物质条件。试想假如以后通货膨胀了，那换回来的生活物资会更少。您现在努力工作是希望以后获得较高的生活水准。

"以找工作为例，在人的一生当中，一个自认为最满意、最合适的职位通常要几经辗转、多次调换才能获得；另外，人们在不同的人生时期有不同的追求时，也会更换工作以达成目标。同样的道理，在很多个人生阶段，如创业阶段、事业巅峰阶段、结婚、生子、退休、养老等，人的保障需求也是不一样的，所以一张保单远远不能满足这些需求。如果您已经有了社保，您还应该考虑是否还存在其他需要防范的风险。一旦有风险，保险公司能够为您挡住生活中的部分暴风骤雨。所以，您不但要问自己买了保险没有，而且还要问保险买够了没有？"

规避错误

当客户因为社保而拒绝其他商业保险时，销售员不可急功近利，为了促成保单，更不能贬低社保、盲目夸大自己销售的保险产品。虽然说商业保险的保障作用不同于社保，但是如果销售员大放厥词、胡乱吹捧或者肆意诋毁的话，一定会给客户留下一个极坏的印象，当然也无法获得客户的认可和信任，签单更是不可能的事。

口才训练9：我会找亲戚朋友买保险的

客户："我的一个表姐是做保险销售的，如果有需要，我会直接找她买。"

保险销售员："哦，这样啊，那太好了，有这样的亲戚您买个保险实在是太方便了。不过我有点好奇，不知道您为什么至今都没有向她投保呢？是您个人不愿意找她，还是她没有找您？或者是因为亲戚关系，她不好意思向您销售保险产品吗？"

客户："其实没有你想的那么复杂，只不过因为她太忙了，所以我们平时都没怎么联系。"

保险销售员："作为一个专业的保险销售人员，她应该深刻了解保险在人们生活中的重要性。作为您的表姐，她更应该首先为您办理保险事宜才对。说句真心话，人的一生不可预测的事情实在是太多了，说句不好听的话，一旦您有个什么特殊情况发生，那养老扶幼的重担该交给谁呢？"

客户："你说的这些问题我也考虑过。"

保险销售员："其实，您的身边有一个卖保险的亲戚也挺好的，您有什么保险方面的需求或者困惑都可以找她询问，我相信她也很乐于为您解答的。不过有一个很实际的问题您需要留意一下，在买保险之前，保险销售员需要提前了解客户的家庭收支情况。但是有很大一部分人不喜欢自己的家庭财务状况被熟识的人了解，这也是他们不愿意购买人情保单的原因。我想您向她投保也会有这样的困扰吧。"

客户："可我们是表姐妹，买保险不找她有点说不过去啊。"

保险销售员："其实您不必担心这点的，即便您没有从她那里买保险，她也会理解您的。实际上，我的很多客户也有家人、亲戚、朋友从事保险工作的，但是这些客户却选择从我这个陌生人这里购买保险，为什么会这样呢？原因有好几种：有的是因为熟人所在的保险公司不太靠谱；有的是因为熟人所在的保险公司所能提供的产品与自己的需求不符；有的是因为他们与这些熟人行为习惯、处事风格迥异，在一起无法相处；还有人甚至认为熟人吊儿郎当，仅仅把工作当儿戏，不信任他们推荐的产品……当然还有其他一些状况。但是就是出于种种考虑，他们最终都放弃了向熟人购买保险的念头。并且，人情保单还有两个弊端：一、彼此都是相熟的人，所以服务上会有所疏忽；二、如果将来双方因为保险理赔出现纠纷，会伤了彼此的和气。"

客户："嗯，你说的的确有些道理，其实你说的这些问题我也考虑过。因为是亲戚关系，所以做事反而思前想后，畏首畏尾。这样吧，关于投保的问题我回去和老公商量商量再给你答复。"

保险销售员："好的，那我等您消息。"

口才训练二

客户："我会找我朋友买保险的，这样我会更放心一些。"

保险销售员："那多好啊，那您对保险一定很了解，不知道您从您朋友那儿买了保险了吗？"

客户："我们可是一辈子的铁哥们，急啥，要想买保险以后有的是时间。"

保险销售员："向朋友买保险确实方便，但是人情保单确实也有很大的弊端，很多客户都会拒绝向自己熟悉的人投保。"

客户："人情保单有什么不好？难道自己熟悉的人还会坑我不成？"

保险销售员："我之所以这样说，其实是有事实依据的。我就曾经遇到过这样一个客户，他向好朋友买了一份保单，后来双方在理赔的时候发生了分歧，关系闹得很僵，彼此的友谊也就此断送，现在双方见面连陌生人都不如呢。我希望您也能慎重考虑一下。"

客户："您说的有道理，看来这事我还是得好好想想。"

口才训练解读

中国人做事喜欢找熟人帮忙，而且找熟人办事也比较放心。因此，在保险销售过程中，销售员会碰到很多执着于人情保单的客户。那么，碰到这样的销售障碍，应该怎样克服呢？案例中两个销售员就给大家做了一个很好的示范。

对待口才训练中的倾向于人情保单的客户，两个保险销售员利用人情保单的弊端来说服，从客户的自身利益出发，字字句句为客户着想，最后客户也意识到人情保单所隐藏的问题，从而动摇了购买人情保单的决心。

口才训练要点

老子云：祸兮，福之所倚；福兮，祸之所伏。这个世界上任何事物都有两面性，很多人认为从亲戚朋友处购买保单可以避免上当受骗，殊不知这人情保单也存在诸多问题。

（1）熟人所在的保险公司未必可靠；

（2）熟人所在的保险公司未必有适合自己需求的保险产品；

（3）家庭的财务状况是一个比较敏感的话题，一般很多人都会拒绝向熟悉的保险销售员透露；

（4）和保险销售员关系熟有可能会影响售后的服务质量；

（5）理赔时发生矛盾，容易伤害彼此之间的情谊，破坏两家人的和谐。

当保险销售员将人情保单的这些弊端逐条列出后，客户就会慎重思考其中的利害得失了，因为保单关系着自身的利益，他们也会重视人情保单背后的负面影响，销售员也会因此而寻找到销售的突破口。

当客户说要在亲戚朋友那里买保险时，保险销售员忌用一些赤裸裸的话挑拨客户与其熟悉的保险销售员的关系，更不可以肆意诋毁该保险销售员所在公司以及公司推出的产品，这样不但不会获得客户的认可，还会在客户的心中留下一种挑拨离间、小肚鸡肠的恶劣形象。

口才训练 10：我担心以后续保有困难

口才训练

保险销售员："张大哥，关于这份保单的详细情况您也了解得差不多了，不知道您还有什么别的问题吗？"

张先生："相关的细节问题你都给我讲清楚了，别的倒没什么，只是这份保单的缴费期限有点长，一交就是20年，我担心一旦中途出现什么特殊情况，我无力续保，那我前期投入的钱不是都损失了吗？"

保险销售员："嗯，张大哥，您有这样的顾虑我很能理解，毕竟您担心的这种情况在我们以前的客户身上也曾经发生过。不过根据我对您的了解以及分析，这种情况不会发生在您的身上。"

张先生："哦？你对我的赚钱能力这么有信心啊！"

保险销售员："张大哥，我这么说并不是凭空胡诌的。一般来说，客户出现续保困难主要是由于以下 3 个原因造成的：第一，客户投保时，保险销售员出于保障客户利益的考虑，设计了适合其需求的保险方案，却忽略了客户持续交费的能力；第二，客户在第一次缴纳保费之后，就把这项开支给忘掉了，结果把钱花到别的地方去了，续保的资金也就周转不过来；第三，有些客户确实遇到下岗、收入突然中断的问题。遇到这样的变故很不幸，完全有可能交不起续期保险费。但这样的问题并不具有普遍性，一般只会出现在那些单位效益不太好、工作技术含量较低、文化程度偏低、本人再就业能力弱的特殊人群身上。通过我们的分析，您完全是一个社会的精英人士，所以不会有这样的问题发生。"

张先生："你分析得也很有道理，目前来说我的确收入不错，工作也比较稳定，但现在的经济形势非常糟糕，企业经济结构调整，裁剪人员也是常事，说不定哪天我犯了一个大错误，就得卷铺盖走人了，到那时我不就没有收入了？"

保险销售员："怎么会呢？依您在公司的价值和贡献率，老板留您还来不及呢，怎么舍得把你裁掉？再说，现在《劳动法》对劳动者利益的保障更多了。而且，就算您在一个地方收入暂时中断一年半载的，按照您的经济实力，依然会生活得很富足，是不是？"

张先生："可别这么说，这真是我养家糊口的唯一来源，我若是没了工作就得断水断粮、流落街头了！"

保险销售员："呵呵！不过，努力赚钱很重要，懂得管理和使用自己的财富也很重要。比如用于科学饮食和健身锻炼的消费，可以强健您的体魄；用于充电学习的费用，可以提升您自身的价值；用于金融或其他投资的费用，可以增强您的经济实力；用于购买保险的费用，可以给您提供一个全方位的保障，让您在疾病、意外、养老等方面充满安全感。张先生，您已经非常认同保险的重要性了，至于续期保费问题，我想为了保全您的保险利益，您无论如何也不会让它没有着落的，对吗？"

张先生："嗯，你说得对。"

口才训练解读

很多人在签订保单之前，都会有续保困难的担心，毕竟在这个快节奏的现代社会里，需要花钱的地方实在是太多了。今天买了保险，交出去很多保费，如果购买的是长期保险，意味着需要承担长达 10 年甚至 20 年缴纳续期保费的问题，一旦到时候发生什么特殊情况，没有支付能力，那么损失就会更加大了。

对于客户这样的疑虑，口才训练中销售员解决的方法这样的：首先分析续保困难的 3 个原因，排除了客户续保困难的可能；接着从法律的角度分析客户的续保不会受到影响，给客户吃了一颗定心丸；最后用实例让客户认识到只要时刻把保险意识放在心上，发生无钱续保的概率是很小的。

口才训练要点

当客户支付信心不足，继而产生投保异议时，销售员不妨从以下几个角度加以劝导。

1. 从客户的收支状况分析

站在客观、公正的角度，从客户现在的家庭收入、生活消费、身体健康状况等入手，推断其以后支付的能力。

2. 保险公司的保障措施

为了避免客户出现续保资金紧张的情况发生，保险销售员会制定客户支付能力之内的保险方案。另外，即便客户出现经济危机，保险公司也会采取减额交清、保费垫交、合同转换等多种方式，让保单继续发挥风险保障作用。销售员只需将这些保障措施告知客户，就可以坚定其续保的信心。

规避错误

1. 频繁使用专用词汇

保险销售员在消除客户顾虑的过程中，一定要用浅显易懂的语言传递这些信息，专业化的词汇只会让客户更加不知所以，顾虑加深。比如，"当客户发生续保困难的情况时，我们保险公司会采取 3 种措施：一是给客户 2 个月的宽限期；二是自动垫付；三是减额缴清。有了这 3 个保障措施，您就可以踏实签下这份保单了。"何谓自动垫付？何谓减额缴清？这些专业化的术语也许会在客户的心头一一打上问号，非常不利于其理解和消化，更不利于双方的交流。

为了更好地传达信息，保险销售员可以在纸上写下关键的专业词，然后用简单浅显的语言逐一加以解释，必要时给客户举个例子、打个比方，这样才能更好地化解客户的异议。

2. 说话过满，不给自己留余地

有的保险销售员为了早点促成保单，急于求成，盲目地向客户保证，轻易地断定客户续保没问题。比如，"这个您尽管放心，我敢保证您绝对不会出现这样的问题。"这样很难让客户信服，让其觉得销售员是在忽悠自己，从而动摇购买保险的信心。要知道化解此类异议，必须拿出真凭实据，将实际可能发生的情况逐一分析清楚，这样才能打消客户心中的顾虑和担忧。

第七章　促成成交的好策略

　　成交是销售的最后一个环节，也是决定销售成败的关键。在这个临门一脚的关键时刻，保险销售员一定要发挥好口才的作用，使用各种成交策略，帮助客户做出购买的决策，从而加快成交的速度，提高销售的效率。

　　一般来说，成交的策略有假设促成法、利益诱导法、激将法、案例促成法、直接请求法等。销售员在使用这些成交策略时，一定要使用好相关的语言技巧，这样才能将保单轻松收入囊中。

口才训练1：注意接收客户的"购买信号"

张霞是保险销售员小菲联系了1个月的客户。一天，张霞主动把小菲约到了一家咖啡馆聊保险的事情。二人见面后简单寒暄几句，随后便转入正题。

小菲："张姐，我给您设计的那份保险方案您考虑得怎么样了？有什么疑惑的地方我可以给您介绍。"

张霞："我正想问您呢！里面有哪些保障权益您再给我详细讲一讲吧。"

小菲："张姐，如果按照我给您的这个计划投保，您可以获得……"

张霞："哦，我明白了。那假如有一天我真的生病住院了，你们多长时间能把这份健康险的费用打给我？"

小菲："如果所需资料齐全，两天就能打到您的账户。"

张霞："这个投保费用还可以再便宜一些吗？"

小菲："张姐，真不好意思，这个不能了，您也知道，保险是一种特殊的产品，它不同于其他……"（说明理由。）

张霞："那好吧，让我想想。"（说完，仔细翻阅保险计划书，陷入沉思。）

小菲："……（耐心等待10秒钟，张霞仍没有继续询问的意思，小菲主动出击。）张姐，您对这份保险也了解了很长一段时间了，您自己也知道保险的重要性，就别犹豫了。这个保险计划可以让您以后的生活高枕无忧。如果您没有什么其他疑问，您就在这儿签个字。"

张霞："好的，我再看看保单。"

小菲："好的，给您。"

张霞接过保单，一边认真阅读上面的内容，一边又询问了几句，最后终于在保单上签了字，小菲也成功拿下了这一单生意。

口才训练解读

保险销售是一场持久战，很多时候保险销售员虽然经过一番游说诱导，但是客户仍然没有签单购买的举动。这时保险销售员就得反思自己的战略战术，是否遗漏了客户传递出来的购买信息，是否忽视了客户购买的最佳时机。

口才训练中客户在了解了保险产品后，连续发出 4 个购买信号：询问办理理赔的时间；询问是否有优惠；仔细翻阅保险计划书，陷入沉思；翻看保单。保险销售员在接收到这些信息后，一方面耐心地为客户答疑解惑，一方面抓紧时机，提出签单的请求，最后客户终于如愿收获了这份保单。

口才训练要点

客户释放的购买信号通常会有如下几个表现。

1. 语言信号

（1）客户询问投保细节，如保障范围、交费方式等；

（2）询问别人的购买情况；

（3）支持和赞同销售员的想法；

（4）把话题集中在某一险种或某一保障，反复询问某一个问题；

（5）征求旁人的意见；

（6）询问保单的生效时间；

（7）询问优惠政策或进行讨价还价；

（8）询问保险的售后服务内容。

2. 表情信号

（1）眉头微蹙，好像很难做出选择似的；

（2）神情由淡漠变得明亮、有光彩；

（3）抿紧的嘴唇放开并直视保险销售员；

（4）认真倾听保险销售员的介绍，并且眼睛发亮。

3. 行为信号

（1）反复、仔细地翻看保险计划书及有关资料；

（2）对销售员说的话点头认同；

（3）时而看保险销售员，时而看着建议书；

（4）身体的重心由前倾转为后仰，身体和语言都变得轻松；

（5）突然用手轻敲桌子或身体某部位做思考状；

（6）突然直视保险销售员；

（7）从滔滔不绝突然变得沉默不语。

当客户释放出上述这些信号时，就意味着他已经做好了购买的打算，销售员一定要练就一身察言观色的好本领，待时机一到，趁热打铁，主动追击，一击即中。

规避错误

有些销售新人并不能完全识别客户的购买信号，就算时机成熟，也不会主动提出交易。

保险销售员："李先生，这份保险计划您还有什么疑问？"

客户："基本没有。大致的理赔流程是怎么样的？"

保险销售员："如果在投保期间发生什么意外，您要……"（说明理赔办理情况。）

客户："哦，那保费缴纳的方式有哪些？"

保险销售员："现金和银行转账都可以。"

客户："那还挺方便的。"

保险销售员："是啊，现在信息技术这么发达，人们的缴费方式便捷了很多呢。"

客户："好的，我再认真想一想。"（说完，客户背靠座椅，双臂抱于胸前，看着保险销售员。）

保险销售员："嗯……也行，李先生，您考虑一下，想好了电话联系我。"

客户："好吧，那就这样吧。"

上述场景中的客户频频发出购买信号，可是销售员却视而不见，直接任由客户考虑，最后白白浪费了一次大好的成交机会，实在是可惜。

口才训练2：胆大心细，直接请求法

口才训练

保险销售员在给客户介绍完保险计划书后，抬头看着客户。

保险销售员："李大哥，您心里还有什么疑惑不解的地方吗？"

客户："怎么支付保费？"

保险销售员："您可以选择现金支付，也可以给我一个银行账号，到时按时划走您应缴的费用。"

客户："你再重复一下刚才所说的按季缴和按年缴的收费标准吧。"

保险销售员："按季缴是……元，按年缴是……元。"（客户听了，点头后陷入沉思。）

保险销售员："李大哥，您还有其他不懂的地方吗？"

客户："暂时没有了。"

保险销售员："那您在这份保单上签个字吧。填写完相关信息，您就可以获得这份保障了。"

客户："好的。"

口才训练解读

口才训练中保险销售员在介绍完保险计划后，客户释放出了很明显的3个成交信号：询问保费的缴纳方式、点头陷入沉思、询问按季缴和按年缴的收费标准。心细的销售员看到这样的信号，断定成交的时机已经成熟，所以大胆果断提出签单请求，最后不出意料，完成了这笔交易。

这种为了促成客户购买行为，直接要求准客户签单的行为称为直接请求法。这种方法可以节省双方时间，提高销售效率，是销售员常用的一种促成技巧。

口才训练要点

1. 提出的请求要简单自然

在客户发出明确的购买信号时，销售员可用简单明确的语言直接要求客户购买。为了使销售有一个理想化的效果，保险销售员的请求之言要不卑不亢，从容淡定，语速上不快不慢，动作上也不要有大的变化；同时这也是一个专业销售员应该具有的素质。

2. 选择合适的时机

使用直接请求法有一个很重要的前提，那就是客户流露出成交的信号。如果客户没有释放出这样的信号，那么说明成交时机还尚未成熟，此时如果销售员贸然使用这种方法无疑会碰一个大钉子。

销售员在使用"直接请求法"时常用语言示例如下。

（1）"如果您没有疑问了，咱们现在就可以办投保手续了，麻烦您在这里签一下字……"

（2）"这份保险方案非常契合您的需求，您在这里签个字，就可以获得这份保障了。"

（3）"这份保单您已经了解清楚了，我们现在就办手续吧，请把您的身份证给我看一下，我填一下号码……"

规避错误

1. 不敢主动提出签单要求

客户由于某种原因迟迟下不了购买的决心，这时有的销售员因为害怕被客户拒绝而破坏洽谈气氛，所以也不敢主动向客户提出签单要求，其实是不对的。这是一种缺乏自信的表现，同时也反映了销售员对保险的实质和意义并没有一个正确的认识。要知道，让客户购买保险是一桩公平的交易，并不是有求于人，所以销售员没必要羞于开口，而是应该带着给客户提供保障的心态大胆地要求其在保单上签字。

2. 坐等客户主动签单

一般来说，客户主动要求签单的概率非常低。销售员如果抱着客户主动签单的心态等待成交，那就大错特错了。优秀的销售员犹如一头勇猛的猎豹，一旦锁定目标，时机成熟，就会毫不犹豫地扑上去。如果犹犹豫豫，裹足不前，那么客户早晚会成为别人的囊中之物。

3. 捕捉到成交信息后喜不自持

有的保险销售员很不稳重，一捕捉到客户将要签保单的信号后就出现明显的情绪变化，比如激动、欣喜、迫不及待等。这会让客户产生不必要的疑虑，从而影响其最终的购买决定。

口才训练 3：试试假设促成法

口才训练

保险销售员："郭先生，您看，您是想选择期限长一点的还是稍微短一点的？"

客户："这个长短怎么论？"（没有拒绝，说明有购买意愿。）

保险销售员："咱们的保险期限有 10 年的，还有 15 年的。"

客户："我觉得还是 10 年的吧。"

保险销售员："哦，那好，这个保险方案正好合适您，每年缴费 5879 元。"

客户："是吗？那这份方案的保障权益包括哪些内容？"

保险销售员："选择这个计划，您可以获得……"

客户："喔。"

保险销售员："郭先生，关于付款，您是喜欢按月付还是按季度付呢？"

客户："按季度付吧。"

保险销售员："那好，把您的身份证号码告诉我一下，我给您填好保单，明天就能上报核保，您可以尽早拥有一份保障了。"

客户："好的，谢谢你。"

口才训练解读

假设成交法是一种促成签单的有效方法，可节省与客户讨论购买决策的时间，适当减少客户的心理压力，直接把客户的购买信号转化成交行动，大大提高保险销售的效率。口才训练中销售员使用的就是假设促成法，他事先假设客户购买保险，让其选择保险的期限、保险的付款方式，整个过程中，保险销售员都是在假定客户已经购买的角度讨论一些细节问题，看似给出了客户自由选择的权利，实则不知不觉中增强了客户购买的意识，最后客户自己也同意出示身份证，办理投保手续。

口才训练要点

保险销售员在使用假设促成法的时候一定要注意如下两点。

（1）语气保持委婉、温和，并且使用商量的口吻与客户说话，这样可以大大增强客户的接受程度。

（2）谈话中，尽量保持原来的洽谈气氛，不要因为是要促成签单而显得急躁、没有耐心，沉着冷静、耐心自然地一步步引导客户比急于求成催促客户效果来得更好一些。

假设促成法常用语言技巧如下。

"您觉得您每年支付多少钱购买保险比较合适呢？"

"请问您需要教育保险还是健康保险？"

"张小姐，您是想按现金支付呢还是银行划账呢？"

"李大姐，请问您的身份证号码是？"

规避错误

使用假设成交法时说话不可过于含糊，否则客户是不会埋单的。比如，"如果您觉得不错的话，咱们今天就定下来吧。"这样的话模棱两可，客户不知道是确定保险方案还是确定购买。

口才训练4：把利益摆在客户眼前

口才训练

客户："关于这份保险我还是先跟家里人商量商量再说吧！"

保险销售员："张先生，您每月只需不到500元，就可以拥有51万元的高额保障，这样一笔不菲的养老金，能够让您过一个高枕无忧的晚年……"

客户："可是，我现在才20来岁，考虑养老的问题是不是为时尚早啊？"

保险销售员："其实年轻才是买保险的黄金时期。为什么这么说呢？因为根据您的保障额度和年龄，现在投保还可以免费体检。岁数大了，同样的保额，保费却比这要高，而且有些保险就不能投了。所以年轻投保更加划算一点。"

客户："你说的似乎还挺有道理的。"

保险销售员："是呀，不信您咨询一下我们的客服中心。"

客户："那好吧，听你的，反正我有购买保险的打算。"

保险销售员："是呀，保险是现代生活的必需品，也是您家庭经济的刹车，有了它可永保目前的生活水准。"

口才训练解读

中国人寿保险股份有限公司原总裁李良温也曾经说过，消费者利益和销售者利益是寿险业发展的基础。保险行业最核心的问题在于必须站在消费者的角度去思考问题，去谈保险业的创新和发展，没有消费者利益就没有销售者的利益。

作为一个优秀的保险销售员也要明白这个道理，想要成功达成保单，先要引导客户认识到产品能给其带来多大利益，在利益的诱惑下人们才会跃跃欲试……口才训练中保险销售员通过阐述保险给客户带来的利益以及年轻时购买保险的种种优势，最终坚定了客户购买的信心，促成了交易。

口才训练要点

做保险销售一定要知道自己销售的产品能给客户带来什么。客户买的不是产品，而是产品带来的利益，所以保险销售员要想取得成功，就要懂得帮助客户实现利益的最大化，在介绍险种时凸显其优点，使客户更加全面地了解其险种的特性，以此来激发客户的购买兴趣。当保单利益在客户的脑海中重复闪现时，成交的可能性就会大大增加。

此外，销售员在使用利益促成法时，要留心客户的一言一行，注意客户最关注的点，如价格、保障范围、公司信誉等，并据此有所侧重地组织自己的语言。

规避错误

1. 随意捏造客户所获的利益

保险销售员在介绍产品特征和收益时，不能过度夸大产品的效益，让客户觉得是天方夜谭，从而失去客户的信任以及与其进一步交流的机会。

2. 介绍利益点不能因人而异

不同的客户看重的利益点也不同，所以要找准客户的关注点才能下手；否则你眼中的利益点在客户看来很有可能一文不值。

口才训练5："请将"不如"激将"

口才训练

张菲是保险销售员小李的一位潜在客户。两人已经联络了有1个月了，通过初步了解，小李为张菲量身制定了一份保险计划书，并与他约好时间和地点。两人见面经过一番寒暄之后，交谈进入正题。

保险销售员："张先生，我根据您的家庭收支情况，为您设计了这份计划书，您先了解了解。"

客户："好的。（张菲仔细翻看这份建议书。）这保费可不低啊，1个月得缴纳1 600多元钱呢！"

保险销售员："张先生，我给您设计的是××险，您每年缴2万元，可您15年后将获得……，而且每年……，生病住院还有每天……的住院补助；保险，买的就是一份安全感，它能给您和家人带来一份保障。"

客户："嗯，虽然说这份方案听着不错，不过这个费用我还是承受不起……"

保险销售员："张先生，这个计划书我完全是根据您的财务状况制定的，按照您的经济实力，这点钱根本不在话下，而且像您这么有责任感的好男人，肯定不会因为心疼这点钱而置这份家庭保障于不顾，况且这点钱对您来说确实不成问题。"

客户："这个……也是，那好吧，那我就它了，你小子的嘴巴可真厉害，哈哈。"

保险销售员："哈哈，还是张先生您有远见。"

口才训练解读

口才训练中客户在认真看过销售员递过来的保险计划后并没有拒绝，这说明其还有一定的购买欲望，没有接受只不过还在犹豫保险费用的问题。面对客户的犹犹豫豫，销售员采用的是激将法。"按照您的经济实力，这点钱根本不在话下，而且像您这么有责任感的好男人，肯定不会因为心疼这点钱而置这份家庭保障于不顾，况且这点钱对您来说确实不成问题。"这样的话让客户听了心里既能接受，也放弃了犹豫，最终决定签单。

口才训练要点

人的性格当中都有争强好胜的因子，因此保险销售员完全可以利用这一点激发客户的购买意愿，促使其下定购买的决心，从而实现签单的目的。通常来讲，激将法是促成签单的重要方法之一。

在使用激将法时，保险销售人员要注意以下 3 点。

1. 选择合适的对象

激将法适应于那些争强好胜、好面子的客户，而不适应于那些成熟稳重或者追求个性的客户。此外，使用激将法还要注意客户的财力、相对比的对象等。比如，"程总他们都买了保险，以您的能力，我相信只能买比他们保障范围更高的险种……"如果程总的财力远远不如与之作对比的对象，那么即便使用激将法也不可能促使销售朝着你所引导的方向发展。

2. 选择恰当的语言

使用激将法要把握好一个分寸，激将语言不能过急，也不能过缓。过急，欲速则不达；过缓，对方无动于衷，无法激起对方的自尊心，也就达不到目的。只有让客户听起来感觉合情合理、易于接受，且不产生反感的语言才能达到理想的效果。

3. 把握好自己的态度

保险销售员使用激将法时态度要温和，最好口气上非常轻松，自然而然地流露，否则客户会认为你很着急签约，从而跟你唱反调。

规避错误

销售员使用激将法时当心语言过激引客户反感。

保险销售员："李总，以您的实力，这区区2万元简直就是九牛一毛。"

客户："话不能这么说，谁家的钱也不是大风刮来的，这2万元也需要花费我很多的时间和精力才能挣到呀，所以花也要花得明白、有价值。"

保险销售员："您说得有道理，不过，像××公司的张总，出手相当阔绰，一签就是100万元的保单，您还不比他厉害呀？"

客户："哈哈，你抬举我了。我比不过他，也不打算买这么贵的保单。"

保险销售员："李总，您再好好想想吧。"

客户："不用考虑了，我还有事，你走吧。"

恰当的激将言辞可以起到事半功倍的效果，但是不当的言辞则会引起客户的反感，签单也会随之而化为泡影。

口才训练6：借用案例促使客户做出购买行为

客户："我现在暂时不想买保险，以后如果需要再联系你吧。"

保险销售员："您别这样想啊！人生无常，世事难料，以后会发生什么事情谁知道，趁现在身体健康时，赶快投保才是最明智的选择。您知道吗？今年春天旅游的时候，在车上我认识了一位同行的大哥，是做软件开发的。当时我们谈到了保险，他还说回去跟家人商量商量后也打算买一份保单，后来我们彼此还留了联系方式，临走时这位大哥还热情地邀请我到他家做客。可是旅游回来，我因为一直忙于家庭琐事，忘了马上和他联系。20天过去了，我想起他来，于是就按照他给的地址找到了他家。谁知进屋后，竟然看到了他的遗像。他的爱人声泪俱下地告诉我10天前，他在上班的路上发生了一起车祸，不幸去世了。看着他家里孤儿寡母的，实在叫人难受。家里的顶梁柱没了，以后可怎么过呀！我虽然无比惋惜，却也无能为力，最后无奈地留下200元钱匆匆离开。

踏出他家门的那一刻，我悔恨交加，恨自己为什么没有早点儿去他家，为什么没有早点提醒他买一份保险，如果早点劝说他买了保险，那今天至少可以给他遗留于世的老婆和孩子带去一大笔的经济补偿，而不仅仅是少得可怜的200元钱。张姐，我现在每碰到一位客户都希望劝说他能早日获得一份保障，这样即便他们以后生活中出现了什么特殊情况，也不至于留下太多的遗憾和牵挂。"

客户："你说得很有道理，听了这样的故事我心里也很不是滋味。"

保险销售员："是啊，张姐，保险就是门口的灭火器，宁可百日不用，不可一日不备。如果您事先参保，那么一旦发生意外，还可以给家人一个安慰，至少生活上暂时不会有大的落差。"

客户："也是。"

保险销售员："张姐，您就别犹豫了，在这份保单上签个字吧，这样您也能早日获得这份保障……"

口才训练解读

当销售进入关键阶段，保险销售员可运用一些真实的案例或生活中的小故事来激发客户的危机感，使其认识到投保的重要性，进而树立其购买的决心。

口才训练中当保险销售员遭到客户的拒绝时，他绘声绘色地为客户讲述了一个亲历的故事。通过这个故事使得客户意识到风险随时有可能来临，购买一份保险，提前预防未来的风险何其重要。客户受到故事的感染后，自然加强了投保意识，此时倘若提出成交的请求，那么成交的概率会非常大。

口才训练要点

有哲人说过，知其所以然，才能知其然。在成交的最后阶段，如果客户仍迟迟不肯答应签单，保险销售员就要认真分析一下导致客户犹豫的原因到底是什么，然后根据具体情况选择适当的应对策略。

当然，导致客户不购买的原因有很多，有些是来自客户方面的因素，有些是因为保险销售员自己做得不到位。下面我们就这两方面的原因简单分析一下。

第一，保险销售员的原因。

专业度不够，无法取得客户的信任；所销售产品无法满足客户的需求，激发不起其购买的兴趣；不懂得抓住成交的时机，没有主动促成交易等。

第二，客户的原因。

经济能力比较差，没有钱买保险；购买保险存在很多顾虑；没有与保险销售员建立起信任关系；对保险产品的认识还有偏差，存在侥幸心理；等待保险销售人员主动提出交易请求等。

了解了这些主客观原因之后，保险销售员就要采取相应的办法予以解决。如果自己做得不够好，那么就得好好修炼自己的内功，不断提高自己的业务水平，以满足客户的需求；如果是客户的原因，那么就要积极寻求针对性的解决方案，尽力消除客户的疑虑，直至最后成交。

当然，销售员做到知其所以然还远远不够，还需要懂得使用一些促成成交的技巧，来使得客户做出购买的行为。一般来说，利用案例、事例和故事等劝服客户购买是一个不错的说服策略。

在适当的时候，给客户讲一些亲身经历的故事、陈述一些和保险有关的案例，从这些事例、故事中可以让客户感悟人生苦短、世事无常，增强客户的投保意识，加速销售的进程。当然，这样的案例和故事如果不事先积累，是无法脱口而出的。因此，保险销售员在平时要多看多听、多历练，这样才能有很好的说服效果。

一般来说，这些案例和故事销售员可以通过以下 3 个途径获得。

1. 自己或者朋友亲身经历的案例

最好是自己亲身经历的，这样更具说服力。当然，亲朋好友或者陌生人身边发生的案例也可以拿来使用，只要案例足够感人、发人深省就行。

2. 社会上的重大典型事件

关于风险和危机的案例不胜枚举，保险销售员也可以从电视、报纸等途径获得，如矿难、旱灾、名人英年早逝等热点新闻和事件都可以成为说服客户的利器。

3. 很有启发意义的故事

保险销售员还可以通过阅读获得一些古代故事、寓言和漫画等启发客户思考，只要符合当时主题，都可以加强客户的投保意识，进而加快其做出购买决定的速度。

1. 案例讲述的方式不妥

保险销售员在借用案例促使客户购买时，一定要注意自己说话的语音语调。一般来说，抑扬顿挫、饱含感情的讲述更容易感染客户的情绪，触发客户的危机感；而语气平平、感情淡漠的讲述无法引起客户情感的波澜，更起不到说服的效果，所以销售员一定要注意到这一点。

2. 所列举的案例不符合主题

保险销售员借用案例的根本目的是促成客户做出购买的决定，因此在选择案例时一定要带有强烈的目的性，对凸显主题意义不大的案例慎用。

口才训练 7：给客户营造一个良好的成交氛围

在一间敞亮而宽大的办公室内，保险销售员刘亮和客户李经理正准备进行一场面谈。双方见面之后，简单寒暄几句，便直奔主题。

刘亮："李总，我上次发给您的保险方案您了解得差不多了吧？"

李经理："是的。"

刘亮："那您觉得怎么样，还满意吗？如果有不满意的地方，我再重新帮您调整一下。"

李经理："关于这个保险方案，我觉得吧……"（客户正说呢，一个电话打进来，客户接起了电话，通话还没有结束，又听见一阵急促的敲门声，原来是他的秘书请其签字。）

刘亮："李总，看您这么忙，我实在不忍心打扰了！要不我中午时或者其他您空闲的时间咱们再聊吧。"

李经理："那样也好，只不过这次真的不好意思，害你白跑一趟。"

刘亮："李总，您客气了，为您提供服务是我的职责所在。"

口才训练二

保险销售员李慧和客户张小姐电话约定中午休息时在客户的办公室商讨保险的事情。按照双方事先说好的内容，两人都准时准点地到达指定的地点。

李慧："张小姐，您好！很高兴见到您，您的身材和气质可真好！今天能够和您这样一位大美女聊天真的很开心！"

张小姐："呵呵，谢谢！谢谢！你过奖了。前几天你给我发的保险计划书我已经看过了，发现还挺有意思的，所以想跟你再仔细谈谈。"

李慧："好啊。（说完环顾四周，公司的同事吃完饭陆续回来。）张小姐，在这里方便吗？我们找个清静的地方聊吧！"

张小姐："也行。楼下斜对面新开了一家茶馆，咱们去那儿吧。"

李慧："好的。"

经过一番商谈，张小姐从李慧这儿买了一份价值 10 万元的保单。

口才训练解读

据某国际权威研究报告显示：顾客到商场购物，70% 以上的购物决定是在卖场里做出的，冲动性消费占据很大一部分。在销售活动中，一个好的交谈氛围对销售成败起着至关重要的作用。所以为了一个好的成交氛围，保险销售员在与客户商谈保险事宜时应注意面谈场所。

口才训练一中的商谈氛围不太好，客户又是签字又是接电话的，很难使自己的思维集中在保险内容上，因此保险销售员提出更换商谈时间的想法；口才训练二中保险销售员看到客户的同事陆续回来，于是建议换个地方，因为他担心其他同事会七嘴八舌，发布自己的意见，从而影响交谈的氛围，左右客户的想法。事实证明，换一个相对安静的、无人打扰的交流环境有利于双方达成交易。

口才训练要点

保单签订与否与双方的交流氛围有很大关系。交流氛围可以使客户自发地产生或放弃一系列购买欲望和决定的心理变化及行为。试想，在一个纷乱嘈杂的环境中，人们哪有心思将注意力都集中在谈判上呢。所以，保险销售员一定要重视这个因素，尽量去营造一个利于成交的环境和氛围。

通常来讲，在营造交谈氛围时需要重点把握以下几点。

1. 交流选择安静的环境

嘈杂纷乱的环境会让人心浮气躁、心绪不宁，没有办法集中注意力思考，因此很不利于双方商谈保险。当然，客户一般也不想让陌生人听到自己的经济情况及家庭情况，所以选择什么样的地点商谈最好还是要征求一下客户的意见。

2. 尽量与客户同坐一侧

这样做的目的就是为了避免四目对视的尴尬，可以营造一种和谐顺畅的交流氛围；同时也有助于给客户一种正在进行投保的感觉。

3. 交流的时候避免多人参与

保险销售员要尽量营造一对一的交流氛围，如果其他人参与进来的话，可能会给客户提很多带有其主观色彩的意见，从而影响客户的正确判断，这样对促进交易非常不利。

规避错误

当交流的内容谈及竞争公司的名称以及产品时，保险销售员切忌妄加评论，更不可以肆意诋毁，这样肯定会破坏交流的氛围，更会给客户留下一个不好的印象，所以聪明的保险销售员遇到此类问题一般都会绕道而行，不做正面回答。

第八章　做好完美收官工作

很多不成熟的保险销售员通常认为签单既已成功，再也不必小心翼翼、耐心周到地为客户服务，其实这是一种愚蠢的想法。保单的签订并不意味着工作的终结，恰恰是售后服务的开始。为了让销售最终画上一个圆满的句号，销售员千万不可自鸣得意、忘乎所以。一般来说，签单后向客户道贺、及时地奉送保单、有礼有节地辞别、委婉地请求客户转介绍等这些善后工作也不能马虎大意。

口才训练1：保持沉稳，切忌喜形于色

小鹿是某保险公司的一名销售员。经过1个多月的唇枪舌剑，她终于让客户王阿姨下定了签单的决心。在签单的当天，小鹿约王阿姨在一家茶楼见面。两人见面之后，一边喝茶，一边聊起了保单的内容。

小鹿："王阿姨，这份保单您已经看过了，它里面涵盖您很多的保障权益，您要不要再确认一下。"

王阿姨："小鹿啊，这你可就见外了，我是你妈的好朋友，你就相当于我的半个闺女，我还不相信你吗？"

小鹿："王阿姨，我知道您信任我，不过您既是我敬重的长辈，也是我的客户，所以我还是得听您的意见。只有让您满意了，我才算尽到了自己的职责。我现在马上给您填好，以便申报核保的事宜。"

王阿姨："那你赶紧填吧。"

小鹿："王阿姨，您把身份证号码给我读一下，我要在这一栏填写您的相关信息。"

王阿姨："好的，142326×××××××。"

小鹿："好的。王阿姨，您的联系地址就按身份证上的填写，可以吗？"

王阿姨："可以，你也知道我住在哪儿。"

小鹿："对了，王阿姨，我还要提醒您一句啦，要是您家的电话或者手机换号码了，一定要及时告诉我哦，我帮您在资料里及时更新，要不然给您寄的发票、贺卡等您就收不到了。"

王阿姨："好的，我知道了，我的养老问题，有了它就再也不用愁了。"

小鹿："王阿姨，保单的相关信息已经为您填写好了，您在这里签个字就行了。"

王阿姨："那现在还有没有其他事情呢？"

小鹿："王阿姨，手续目前已经办完了。现在就剩下体检核保的问题了，您就在我们公司指定的医院做一个体检，然后把体检报告给我，审核能否通过关键就看它了。至于体检的时间，回去之后我安排一下，安排好了我就打电话给您，到时候我陪您一块儿去吧。"

王阿姨："好的，有你帮我张罗，我还有什么不放心的呢？"

小鹿："好的，那咱们就电话联系吧。恭喜您又多了一份保障，同时也谢谢您给我这次服务的机会。"

王阿姨："小鹿你也不容易，为了我的事儿忙了好多天了。谢谢你啊！"

小鹿："王阿姨，您客气了，服务好您是我的职责所在。那我得先走了，得赶紧回公司给您办理投保手续。时间敲定之后我给您打电话啊，再见！"

王阿姨："好的，再见！"

口才训练解读

在销售的最后阶段，距离签单的时间越来越近，估计很多销售员都按捺不住心底的兴奋了。不过，值得注意的是，签单固然可喜，销售员也不能喜形于色。签单过程也非常关键，如果言行不当，很有可能前功尽弃，追悔莫及。

口才训练中保险销售员在客户同意签单后，逐项填写，一边写一边提醒客户各个注意事项，整个过程轻松愉快、有礼有节、从容沉稳，客户就很踏实、安心，签单进行得也很顺利。

保险销售员在签单的最后阶段，需要做好以下几点。

1. 不要表现得过于兴奋

客户："签完这个单子，我想给我老婆也上一份保险，你给我推荐推荐。"

保险销售员："真的吗？这真是太好了，天上掉馅饼直接砸中我了，我的运气怎么这么好啊！"

客户心想：这个销售员咋咋呼呼的，一点也不稳重，找她投保到底靠不靠谱？

有人说，能够控制情绪的人，方能掌控人生。要想成为一名优秀的保险销售员，必须学会掌控自己的情绪，不能做情绪的奴隶；尤其是在签单的关键时刻，销售员更不能因为过于兴奋而让客户产生厌恶感，同时让客户觉得你是一个唯利是图、不将客户需求放在首位的人。

2. 注意自己的说话方式

保险销售员："能得到您的信任和支持，我万分感激，恭喜您啊，××小姐，这份保险真的是您一个非常明智的选择，这下您可以放心了，即便您得了什么不治之症也不用担心您的父母和孩子没有基本的物质保障了。"

客户："你这是在咒我吧！你是不是就盼着我得什么不治之症啊？那份保单不作数了，我不买了。"

俗话说："言多必失，行多必过。"在签单之后，只需表达对客户的感谢和恭喜即可，对客户的行为就不要再乱加评论了。一个经验丰富的保险销售员是绝对不会恣意妄言的，而是处处表现得从容、礼貌、沉稳、理智，让客户觉得他是个可靠的保险销售员，从而坚信自己购买保险的选择是对的。

保险销售员不论是在填写保单还是在收取保费时，除了要控制住自己兴奋、激动的情绪外，还要克服紧张和不安的心理。有的销售员可能因为签单经验不足，越到关键时越是淡定不下来，出现一些慌张的情绪，说话也是结结巴巴、颠三倒四，这样很容易引起客户的怀疑，从而做出退保的举动。

口才训练 2：签完保单记得向客户"道贺"

一天，保险销售员张丽和客户相约到茶楼签一份保单。半个小时后，张丽填好了保单，客户签了姓名，双方愉快地握了握手。

保险销售员："李先生，一直以来，您对我的工作这么信任、这么支持，我真的心怀感激！以后有什么事情，随时联系我，我一定竭诚为您服务！此外，我还要祝贺您又多了一份保障，也给全家人带来一份安心。家里有您这么一位负责任的好男人，一定很幸福、很快乐！"

客户："呵呵，过奖了！你为我的保单这段时间跑来跑去也不容易！我也要感谢你！"

保险销售员："您客气了，服务好您是我的职责和义务。"

客户："保单什么时候能好呢？"

保险销售员："李先生，这个您放心。今天回去我马上把您的投保资料和保费上交公司，如果不出意外的话，一个星期就能审核通过了。保单下来后我第一时间给您送过来。"

客户："那就麻烦你了，非常感谢。"

口才训练解读

保险是一种特殊产品，其受益周期非常长，一般情况下，客户在短期内感受不到它带来的利益保障。所以销售员有必要适时地向客户表达祝贺之意，这样在某种程度上可以加强客户对自己所作的决定的信心，同时还能使客户对保险销售人员产生信任感。

另外，祝贺语说得恰如其分可以让客户满心欢喜，为以后双方的交往奠定良好基础。口才训练中保险销售员就为大家做了一个很好的道贺示范。

口才训练要点

签完保单之后，以下 3 件事保险销售员不可忽视。

1. 表示感谢

保险销售员首先应该感谢客户能在百忙之中抽出时间进行商谈，没有他的信任和支持就没有你的保单。其次，销售员在表达感激之言时，一定要表现得大方得体，热情过头反而不合适。

2. 赞赏道贺

以适当的方式或语气赞美客户是保险销售必不可少的一个环节。在得到客户欢心的同时不忘真诚地道一声祝贺，会使整个销售过程更加完美。

3. 做出承诺

签单意味着销售的结束、售后的开始。为了表达对客户利益的重视，保险销售员应主动向客户保证：如果客户有什么问题或要求，可随时联系自己，保证自己会尽心竭力维护好客户的权益。

1. 没有只言片语的感激之言

有些保险销售员目光短浅，认为签单结束就没有自己什么事儿了，只顾拿着保单匆匆离开。其实这样很容易伤害客情关系，客户很有可能会产生失落甚至后悔成交的心理；同时，也会对销售员留下一个极差的印象。这样一来，续保和转介绍问题肯定没有任何可能性了，销售员也会因此而失去很多潜在的客源。

2. 感谢过头，引发客户质疑

有的保险销售员寻寻觅觅，辛劳奔波，好不容易才促成一单生意，自然对买其保险产品的客户感激涕零。其实这样的做法也会失了分寸，让客户不知所措，或者可能使客户对自己的购买决定和保险产品产生怀疑，所以销售员一定要把握好这个度。

口才训练3：有礼有节的辞别

一位保险销售员与客户办妥一切手续后，起身、握手、祝贺、致谢，然后准备离开。

保险销售员："张阿姨，您能支持我的工作，我非常感激。同时我也祝贺您又多了一份保障和收益。"

客户："呵呵，这1个月来你也辛苦了，我也要感谢你啊。"

保险销售员："不客气，这些都是我的分内之事。"

客户："保单多久可以送到我手里？"

保险销售员："张阿姨，这个您放心。这些材料我会立刻送到审核部门，相信用不了多久，您就可以拿到，等保单下来后我亲自给您送过来。"

客户："那有劳你再跑一趟了，谢谢你。"

保险销售员："张阿姨，您看，手续已经办好了，您还有什么不明白的地方吗？"

客户："没有了。"

保险销售员："那好，张阿姨，我就不打扰您了，我要赶紧回公司给您递交投保材料。以后如果有什么问题记得随时找我，我会再接再厉为您提供优质的售后服务。"

客户："好的。咱们随时保持联络。"

保险销售员："好的。再见了，张阿姨！"（双方再次握手，张阿姨送其出门）

客户："再见！"

保险销售员："天冷，您赶紧回去吧，小心感冒！再见！"（一边说，一边挥手，离开。）

口才训练解读

签单之后，销售员就该想着辞别客户了，不过这个辞别的过程也很有讲究。在此过程中，销售员要将之前良好的服务态度贯彻到底，不能让客户对自己的选择有丝毫的后悔之意。口才训练中保险销售员与客户办理完投保手续后，首先礼貌地致谢、得体地道贺，然后又主动问询客户有没有其他疑问，在得到客户的回应后主动告辞。这样专业得体的职业形象博得了客户的好感，同时也坚定了客户的购买信心，为下一次的沟通、接触奠定了良好基础。

口才训练要点

为了给客户留下一个好印象，保险销售员在辞别过程中需要注意以下3个礼节。

1. 适时主动告辞

通常来讲，办完手续之后，销售员就该寻找合理的理由向客户告辞。一味地坐在那里跟客户聊天也许会招来客户的反感；即便有时客户会盛情相邀，但也不可久留。

2. 询问客户是否还有疑问

保险销售员在离开之前要记得问一句"您还有什么疑问吗？"这是一种有责任感的表现，客户听了会觉得你的服务态度在他购买前后并无差异，以后再有合作的机会也会想着你的。

3. 保持得体大方

保险销售员说话的态度要诚恳，行为要从容不迫、落落大方、注意细节，如随手关门、握手告别、挥手再见等。

规避错误

1. 随意地在客户的住处逗留

（一名保险销售员在为客户办理完手续之后，开始跟客户闲聊起来。）

保险销售员："王小姐，您身材和皮肤保养的真好啊，要不是您说我根本看不出您是一个40岁的人。"

客户："谢谢。"

保险销售员："那您这个岁数是不是孩子已经上高中了？"

客户："我还没有孩子呢。"

保险销售员："哦，不好意思，是我失言了。"

客户："没关系。"

保险销售员："那您是不是向往那种丁克生活呢？"

客户："这是我的私事，我不想跟你聊这些！（恼怒地）我一会还要约朋友一起出去吃饭，改天再聊吧。"

保险销售员："好吧。那我走了，咱们经常保持联络啊。"

客户："嗯，再见！"

口才训练中保险销售员签单结束后没有主动告辞，而是跟客户聊起了一些较为私密和敏感的话题，结果惹怒了客户，被下了逐客令，这样不仅让自己陷入尴尬的境地，而且存在丢单的危险。

2. 把客户的客套当真

保险销售员："王太太，咱们的相关手续已经办理完毕，如果您没有其他问题，我就告辞了。"

客户："现在时间还早，再坐会吧！"

保险销售员："不了，我还有事情。"（言行不一，嘴上说走，身体却没有行动。）

客户："午饭时间快到了，要不咱们一起吃吧！"（提醒已经到午餐时间了。）

保险销售员："王太太，您真是热情好客，那我就恭敬不如从命了。"

客户："没什么。"（虽然这么说，但是客户又在网上定了一份午餐。）

一般来说，客套话也只是客套客套，以示尊重和重视，有时它并不代表客户的真实意愿，所以保险销售员要依据当时的情景、与客户的熟识和了解程度决定是否在签单后多待一会儿，否则最好尽快离开。如果把客户的客套当真，则很有可能给客户带来一些不便，同时还会让客户觉得你没有眼力。

3. 犯一些常识性的错误

有些销售员交易成功后变得得意忘形，甚至目空一切，从而让客户对投保行为产生悔意；还有一些保险销售员害怕客户中途会反悔，变得惶恐不安，匆匆拜别，其实这种行为很容易引起客户的猜疑，以为自己上当受骗，进而后悔自己的购买决定；当然，还有部分销售员在成交之后既不向客户致谢，也不向客户道别，甚至连门都不关就匆匆离开，这样也会给客户留下不懂礼貌的坏印象，从而断送了再次合作的机会。

口才训练 4：转介绍的语言秘籍

口才训练一

客户："别看你现在干得好好的，可是万一有一天你辞职了，我找谁理赔呀？"

保险销售员："这一点您真的是多虑了，正是因为您信任我，才想在我这投保的，对吧！"

客户："那当然，如果你不值得我信任，我还来找你干什么！"

保险销售员："这就对了嘛！既然您这么信任我，我又怎么会辜负您的信任和厚爱呢？退一万步说，即便是将来我辞职了，保险公司也会有一套完整的管理体制保障您的权益不受损失。到时候，公司会派其他销售员为您提供售后服务，办理理赔业务。这一点，我可以郑重向您承诺。再说，如果我不干了，也只有一个可能，那就是我的业务来源少了，完不成公司的业绩考核，干不下去才不干的，您说对吗？"

客户："也许吧！但我可是因为你才想上的保险啊。"

保险销售员："万先生，对于您的信任和支持我深表感激，正是因为有您这样的好客户，所以我才浑身充满了干劲，把保险当成终身事业来经营。您愿意继续支持和帮助我吗？"

客户："当然愿意！可是我做什么才能帮助到你呢？"

保险销售员："以后您的朋友、同事、亲戚有谁需要买保险，记得把他的联系方式发给我，凭借您的为人和面子，我一定为他们提供更为优质的服务。"

客户："那没问题，不过好像暂时还没有人要买保险。"

保险销售员："没关系。万先生，我有个好方法——请问您有没有个人电话本呢？"

客户："有啊，怎么了？"

保险销售员："麻烦您把电话本拿出来，照着上面的记录帮我推荐几个可能买保险的人就行了。"

客户："哦。"

保险销售员："谢谢您的支持，万先生。您的联系人这么多，由此可见您的人缘肯定特别好，怪不得事业做得这么成功！"

口才训练二

保险销售员："祝贺您的家人获得这份保障。您的爱人真幸福，您这么疼她爱她，事事为她着想，真是她的一种福分。"

客户："哪里哪里！你过奖了，我也要谢谢你啊，谢谢你帮我推荐了这么一份适合的保险。"

保险销售员："您客气了，服务好您是我应尽的责任。我想问您一个问题，您愿意我一辈子都做保险并为您做售后服务吗？"

客户："那肯定的啊！"

保险销售员："其实有像您这样好的客户，我在保险行业服务一辈子也非常乐意。只不过，为了做得更好，我需要您的帮助才行啊。"

客户："我怎样帮助你呢？"

保险销售员："我需要认识一些像您这样既有责任心，又有投资理念，且有远见的朋友，不知道您可不可以帮我引荐一下？（递纸和笔。）我相信凭您的人缘和威望，您引荐过来的朋友一定会考虑。当然了，有了这样的帮助和支持，我的保险事业一定会走上一个新的高度。"

口才训练解读

俗话说，有人的地方就有江湖。在竞争如林的保险市场，销售员要想有一个好的结果，就得巧舌如簧，引导客户为你介绍更多的客户资源。当然，转介绍一定要掌握很多必要的语言秘籍，这样你才能在这片江湖上混得风生水起。

口才训练一中保险销售员在要求客户转介绍时采用的是互惠法。俗话说"杀头的事情有人干，亏本的买卖没人做"。销售员正是懂得这样的道理，所以他才想方设法让客户意识到把身边的朋友介绍给他不但帮了他，也帮了客户自己。客户有了这样的认识，自然非常乐意去帮他引荐。

口才训练二中保险销售员采用的则是赞美法。比如，"您的爱人真幸福，您这么疼她爱她，事事为她着想，真是她的一种福分。""我需要认识一些像您这样既有责任心，又有投资理念，且有远见的朋友。""有像您这样好的客户，我在保险行业服务一辈子也非常乐意。"这样的赞美之词说得客户心花怒放，客户当然也会不遗余力地回报销售员的赞美，给其引荐合适的投保人选。

口才训练要点

销售本身是一门语言的艺术，有好口才才会有好结果。保险销售员若是能熟练掌握如下几种转介绍的语言技巧，一定会给自己的销售事业增光添彩，带来一个好的结果。

1. 请求法

求人办事，自然得恭恭敬敬地在前面加一个"请"字。请求法虽然简单，但却是最直接、见效最快的一种方法。以下是使用该方法的语言技巧：

（1）向客户引荐。"张姐，有件事还得请您帮个忙。您也知道，干我们这一行的，没有丰富的客户资源就没有了生存的根本，所以我想请您帮我提供几个名单，以便让我有机会为他们服务。"

（2）向朋友要求介绍。"您也知道我从事保险销售员行业。干这一行啊，最重要的是不断地去接触不同的人，为他们提供保险分析和专业的服务。可是我刚刚入行，没有多少客源，不知道您身边有没有准备投保的人给我介绍一下，让我有机会约时间为他们设计一个合适的保险方案。"

2. 请教法

在人性中，有一种与生俱来的优越感，保险销售员若是能够虚心请教客户，说不定优越感得到满足的他会毫不吝啬地把身边优质的客源介绍给你。比如：

谢总："你又来了，我不是跟你说了吗？我不想买保险，你还不赶紧走。"

保险销售员："谢总，您放心。今天来不是给您推销保险的，而是想向您请教一些问题。最近有一些困惑，请问谢总，如果您的手下出去跑业务，遇到客户对他的产品完全不感兴趣时，应该怎么办呢？"

谢总："其实，按照我的经验来讲，客户之所以对产品不感兴趣，是因为他们没有遇到合适的产品。如果我们销售的产品正好符合客户的需求，相信就不会存在这样的困扰了。但并不是所有的需求客户自己都知道，你要把它挖掘出来，这样你的产品就有销售的可能性了。还有，如果客户真的对你的产品一点兴趣也没有，那你也不要死缠烂打，微笑转身离开，给他们留下一个好的印象，这样以后他们身边有需要此产品的人也会引荐给你。"

保险销售员："您说得真有道理，跟您聊天真的是受益匪浅啊！那谢总，您能不能把您认为需要保险的朋友介绍几个给我认识呢？"

客户："这个当然没问题。"

3. 参与法

销售不是一个人的独角戏，优秀的销售员不会把客户看成单纯的产品或服务的接受者、受惠者，而是懂得让客户参与其中，增强其自主意识，使其获得满足感和成就感，从而达成自己的目的。

保险销售员："张大姐，咱们聊了这么久，您讲了很多有关您的信息，我也对您的家庭情况有了一个全面的了解，不知您想不想花几分钟听一下我的收入来源？"

客户："好啊，你们每个月的工资是多少啊？我也很想知道！"

保险销售员："其实我的收入来源于两方面。第一，就是像您这样的客户，我服务的每一个客户都是我的衣食父母，只有您满意了，我才能促成保单，获得佣金。所以，如果您对我的服务有不满意的地方，您一定要提醒我，我一定会及时补充和完善我的服务。第二，就是转介绍。其实我80%的客户都是通过转介绍获得的，老客户觉得我服务得不错，可以信得过，所以会介绍新的客户给我认识。我之所以能有今天离不开大家的帮助。如果您有合适的朋友，也麻烦帮我引荐一下。真心谢谢您的支持和信任！"

客户："这个没问题，你要几个？"

4. 赞美法

生活中人人喜欢被赞美。"人性中最深层的禀性，是被赏识的渴望"，学会赞美，衷心赞美，用赞美的话引来客户的转介绍是每个销售员都要学会的东西，恰当的赞美可以帮助销售员获得源源不断的客源。

5. 分享法

"乐人之乐，人亦乐其乐；忧人之忧，人亦忧其忧。"在人性的深处，都有一种与人分享的冲动。如果销售员抓住了这个分享特点，向客户提醒保险对其朋友的好处，他们一般会很乐意地为你引荐合适的朋友。

保险销售员："恭喜您！获得了一份性价比很高的保障。"

投保客户："这还要谢谢你给我提供的机会。"

保险销售员："不客气，这是我工作的职责所在。人都说有好的东西应该第一时间与好朋友一起分享。如果您身边的朋友有和您一样的需求，那就麻烦您把他们介绍给我认识吧，让他们也跟您一起赚钱。"

规避错误

1. 要求引荐的语气不当

保险销售员在要求客户转介绍时一定要注意自己说话的语气，记得你是以一个求助者的姿态寻求帮助，所以千万不要以命令式的口吻说话，更不要颐指气使，盛气凌人，否则你不仅不会获得新的客源，更会失去原来老客户的信任和好感。

2. 转介绍语言不懂得对症下药，灵活使用

不同的客户需要使用不同的转介绍语言技巧，销售员千万不要生搬硬套，弄巧成拙。

第九章　与客户交朋友

销售不是"一锤子"买卖，要想拥有长久的客户，保险销售员还得耐心周到地帮助客户办理好理赔手续。当客户出现续保困难的问题时还需要循循善诱，帮助其树立继续投保的信心。当然，除此之外，销售员还要担当起客户生活中的"顾问"，随时随地为客户提供及时耐心的咨询服务，让客户深深感受到你真切的关怀，只有这样你在以后的销售工作中才会有源源不断的客户资源。

口才训练 1：当客户出了事，需要理赔

客户："王芳，我是王磊，在你这儿买过保险，还记得吧。"

保险销售员："记得，记得，王先生，您有什么事儿吗？"

客户："我这里出了点事，需要申请理赔。"

保险销售员："哦，好的，您先把具体情况跟我说一下。"

客户："我的新车被后面一辆奥迪车给追尾了，后保险杠受损明显，现在已经没法开了。"

保险销售员："爱车出了这样的事情，您的心里肯定不舒服，不过您放宽心，理赔的事情您先别着急，我会尽快为您办理的，您需要准备的资料有……（根据具体的险种决定。）"

客户："好，我知道了，理赔款啥时候能够下来？"

保险销售员："理赔申请我今天下午就会向公司申请，有进展我会电话联系您，您就等我的消息吧！"

理赔服务是保险销售员售后服务的一个重要内容，如果这项工作做得好，能够得到客户的认可，那么客户再次保险或者转介绍的可能性也会很大。但是倘若保险销售员不能将客户的理赔服务做到位，很容易损伤客情关系，给公司和保险销售员本人造成形象的损害以及业务的流失。

口才训练中销售员就给大家做了一个很好的示范。在得知客户理赔的要求之后，首先耐心地了解导致理赔的原因；其次还不忘安抚客户的情绪，让客户体验到温暖的关怀；最后向客户说明了理赔所需的手续，并且郑重承诺自己的办事效率，给客户留下一个极好的印象，从而为以后的合作打好了基础。

口才训练要点

当客户提出理赔要求时，一位优秀的保险销售员应该及时为他们提供快速、热情、细心、周到的保险服务，这样才能赢得客户的信任，拉近与客户之间的心理距离，使得与客户再次合作或者转介绍成为可能。

1. 用话语抚平客户情绪，问清理赔缘由

在提供理赔服务之前，保险销售员首先应该让客户的情绪平静下来，然后问清楚事故发生的前因后果以及时间、地点、发展态势等，做好记录并备案，为后续的查询和理赔做好准备。

2. 理赔莫推诿，理赔手续当及时

当询问完客户的详细情况之后，就应该开始着手解决理赔的问题了。在理赔时，事先提醒客户准备好保险单、缴费凭证、身份证件、索赔清单、出险证明等。当然，客户出示的这些证明和材料要根据当时投保的险种具体而定。

3. 及时告知理赔进程，安抚客户

办理理赔手续需要一个过程，当然也会花费一定的时间。在此期间，有些敏感的客户难免会胡思乱想，出现焦虑、着急等负面情绪。为了坚定客户对保险理赔的信心，销售员需要及时告知理赔的程序和各种事项以及相应的进程，安抚他们紧张的心情。

比如，"公司已经受理了您的理赔案件，理赔手续只需几天，您现在就安心等待吧，理赔款很快就能发到您手里，具体的理赔进程我会随时跟你反馈。"

这样的定心丸有利于建立客户的信赖，加深与客户之间的感情。

规避错误

1. 出现质疑客户的言论

有些保险销售员在听完客户的理赔要求之后，会下意识地问一句："哦，是吗？"这样冷漠的质疑言论很容易伤了客户的感情，使之产生很多对保险和保险公司的负面情绪以及想法。

2. 以忙为由，告诉客户改天再过去

建立起与一个陌生客户的信任并非易事，既然千辛万苦地将其推入了投保的行列，就要及时耐心地为其办理理赔手续，否则这样间接地躲避客户，很容易伤害客情关系，当然也不会使之变成长久的客户。

口才训练2：如果客户资金周转出了问题要退保

口才训练

张大姐是保险销售员李磊的一位客户，她曾经在李磊那里买了一份返还型的重大疾病保险，50万元的保障额度，保障30几种重大疾病，已经缴了3年保费。可是到了第4年，她的丈夫做生意破产了，他们再也没有多余的钱去投保，于是张大姐找到了保险销售员李磊要求退保。

张大姐："不好意思，我打算退保，你抓紧时间帮我办理一下吧。"

李磊："好的，帮您办理没有问题，不过，我可以了解一下您退保的原因吗？您都缴了3年保费了。"

张大姐："嗯，我也是迫不得已才做出这样的决定。我购买的这份保险，每年保费就得五六千块钱，可是近来我老公的公司破产了，我们家还背负了很多的外债，实在是无力支付这一笔钱。"（声音开始哽咽……）

李磊："家里出现这样的情况，您退保确实情有可原。不过，现在退掉您之前的保险，您的损失可不小，只能收回已缴本金的2/3，所以您要多想想，不到迫不得已，我建议您还是别轻易退保，您觉得呢？"

张大姐："我也知道这样很不好，但是资金周转不过来，我们实在是有心无力啊！"

李磊："您别着急，事在人为，总会有解决的办法。我建议您不妨把以前买的那个返还型的重大疾病保险退了，换成保额较低的纯消费型保险，这样经济上能负担得起，也能获得基本的保障。另外，您还可以选择保单质押贷款。当然，最后不管结果如何，我都尊重您的选择，竭力帮您解决问题。"

张大姐："什么是保单质押贷款？"

李磊："就是……"

张大姐："哦，我知道了，我回去再跟我老公商量一下吧。"

李磊："好的。张姐，我等您的消息，有什么疑问随时给我打电话。另外，记得凡事别往坏处想，没有过不去的坎儿。"

口才训练解读

保险是一项长期性的投资，短时间内看不到收益，但是却需要长时间持久性地缴纳保费。于是很多投保人常常会受到资金周转困难、难以续保的困扰，退保自然也成为考验保险销售员的一个难题。当销售员碰到像口才训练中张大姐一样的退保要求时，应该怎么办呢？其实口才训练中李磊就给大家做了一个很好的示范。

他首先通过详细的询问了解了客户退保的具体原因，为后续相关的劝阻工作做好准备；其次他还从退保的损失层面着手分析，试图打消客户退保的想法。当然，他还懂得温言细语安抚客户的情绪，比如"您别着急，事在人为，总会有解决的办法。"待客户的情绪归于理智，他再提出替换险种、保单质押贷款等建议，从而有效化解了客户退保的难题。

当然，在化解此类客户异议时，保险销售员一定要在最后表达尊重客户意愿的想法，即便最后客户真的要退保，也要协助办好退保的各项事宜。这是一个优秀保险销售员必须具备的素质。

<hr>

口才训练要点

投保人购买保险时会有一大部分的费用支出，并且这笔费用支出不是一次性付清的，所以客户在后续投保过程中很有可能出现资金周转困难的尴尬，如果此时没有经济能力续保的话，那么只能选择退保。

通常情况下，在面对客户退保的要求时，一个优秀的保险销售员都能够保持一个专业的形象，首先问明客户退保的原因，然后帮客户分析退保的弊端，提醒对方一定要慎重对待，不能有丝毫马虎，退保会有很大的经济损失。其次选择合适的时机，提出替换保额较低的险种、保单质押贷款等建议，以此挽留客源的流失。最后真诚地告诉对方会尊重客户的意见，无论客户继续投保与否，都会配合做好各项工作。这样可以赢得客户的尊敬与信任，当然客户也有可能在你的引导下放弃退保的想法。

防微杜渐，慎之在始。对于保险销售员来讲，与其想方设法挡回客户的退保请求，不如从一开始就预防退保事件的发生。

1. 提前帮客户做好规划

有人说，钱要算了花，粮要算了吃。保险销售员在与客户签订保单之前，也需要帮助他们充分做好规划，算计好家庭的收支，这样才可以有效避免退保事件的发生。如果只是一味地将注意力集中到客户的保费和自己的佣金上，客户后期很有可能出现资金周转困难，进而退保的情况。

2. 随时和客户保持沟通

在签单之后，保险销售员一定要及时做好售后服务，做好交流沟通工作，确保自己把握和了解客户动态信息。当客户的情况相比过去发生了变化，那么要根据他当时的需求和经济状况，为其提供恰如其分的服务。

3. 提前帮助客户走出退保的误区

有些客户对保险知识并不十分关注，保险意识自然很淡薄，对退保业务处理产生误解。这时候需要保险销售员提前给客户打一支预防针，让他们提前了解退保的种种弊端。当然，如果客户的经济条件确实不能支撑其高额的保费，那么就建议他用保单质押贷款或者换一种保额较低的险种。

规避错误

1. 消极回应客户的退保要求

客户退保无论是对于保险公司还是对于销售人员都是一件糟糕的事情。有些保险销售员面对客户退保的要求往往采取消极、回避的态度，要么以忙为由，百般推诿，要么虚与委蛇，避而不见。这样不仅不会阻止客户退保的步伐，反而会让他变得更加顾虑重重，加快退保的速度。作为一名专业的保险销售员，这样的做法万万要不得。

一个聪明的保险销售员遇到这样的情况一定会想方设法，提出中肯的建议，帮助客户解决问题；即便最后客户还是坚持退保，他们还是会积极配合为客户办理好退保手续，给客户留一个好印象，这样才能为以后争取更多的客源创造机会。

2. 指责客户退保是不对的

有些客户在购买保险时并没有经过深思熟虑，而是出于冲动或跟风购买了保额较大的险种，可是后来由于某些原因导致财务状况恶化，他们无力承担保险缴费的压力，于是提出退保的要求。

对此，很多经验不足的销售员往往不尽力想办法清除客户的异议，坚定他们购买的决心，而是指责客户出尔反尔的行为，甚至与对方产生争执和口角。这样的做法愚蠢至极，也搅黄了以后合作的可能性。

3. 不懂的安抚客户的情绪

人的情绪对其行动有直接影响。面对情绪激动的退保客户，有些保险销售员不懂得找一些适当的措辞，安抚其焦虑的情绪，只是自顾自地要求客户放弃退保的想法。殊不知，此时客户的大脑并不受理智支配，如果不懂得在曲折迂回中前进，很难有效化解这一退保的难题。

4. 立刻答应客户的退保请求

人生因为坚持才会有希望，因为争取才会有机会。所以当保险销售员遇到客户的退保请求时切莫不问青红皂白，即刻答应帮客户办理退保手续。问明其中的原因，采取相应的措施和办法，尽量挽留每一个保单，是每一位保险销售员基本的职业素养和要求。

5. 在公共场所与客户争执有关退保的事宜

俗话说，好事不出门，坏事传千里。有时负面消息传播的速度极快。保险销售员若是在客户流量大的场所与情绪激动的客户商讨退保的事宜，那么会影响到周围其他的客户，造成一呼百应的严重后果。所以，聪明的保险销售员在处理此类问题时都会转移场地，缩短退保客户停留的时间，降低影响。

口才训练 3：我不想续保了，我感觉交了这么多年没用

客户："我不想续保了，交了这么多年保费，感觉一点用处都没有！"

保险销售员："不知道您所理解的保险的意义是什么，可观的金钱收益还是长久安稳的生活？"

客户："我也说不清楚，但我就觉得投保没有什么大的作用。"

保险销售员："有人说买保险是每天为自己攒一粒芝麻，随时准备换一个西瓜；纵使终究没换来西瓜，却发现已经攒了一堆芝麻。我觉得这个比喻非常形象生动。作为一个理财工具，它既能强制您养成储蓄的好习惯，又能帮您做好养老规划，它的作用是隐形的，也许现在您感受不到，但是过几年它的优越性就凸显出来了。"

客户："可是我每年都给你们公司交那么多钱，到头来分红那么少，感觉自己被忽悠了。"

保险销售员："也许您对保险还是没有一个全面的了解，它最主要的功能是保障功能，具体表现为财产保险的补偿功能和人身保险的给付功能。而分红是附加的福利。您别看现在的分红没有多少，但您××岁以后就可以领取固定的养老金了！"

有些客户对保险的功能存在一定的认知误区，他们并不能真正认识到保

险的保障功能，反而希望通过保险大赚一笔。因此，当他们带着很强的功利心投资时，就会失望地发现缴纳的保费高昂，得到的分红却少之又少，于是他们会觉得这是一次投资的失误，随后便产生退保的想法。

对待此类客户，保险销售员需要纠正客户的错误观念。那么，具体用什么样的理由纠正客户非理性的退保行为呢？口才训练中销售员首先从保险的意义和用处着手，展开讨论，引导客户深入思考自身的实际需求。此外，他用一个比喻形象生动地让客户认识到保险的价值和作用，耐心地引导客户走出认识的误区。

当然，如果他能在最后再补充一句"无论您投保与否，我都尊重您"的话，那就更好了。这样说的目的是让客户放松警惕，给予他们自由的选择空间。客户的选择得到尊重，他们会更加理性地思考退保的利弊，从而慎重考虑自己做出的每一个决定。总之，欲擒故纵的策略在某种程度上反而更容易把客户牢牢地抓在自己的手里。

口才训练要点

当客户说"我不想续保了，我感觉交了这么多年保费一点用都没有"时，那么他一定是曲解了保险的本质功能。为了化解客户退保的这一异议，保险销售员需要更正客户的观念，让他们的思维回归到保险的保障功能上来。

1. 耐心向客户阐述保险的保障功能

投保的初衷是获得保障、规避风险，分红和收益只是附加。对于保险的这一本质作用，务必要让客户了解清楚，只有客户树立一个正确的保险观念，才能放弃续保无意义的想法。

2. 引导客户认识到保险的长远利益

俗话说，一叶障目，不见泰山。有的客户被眼前的利益所蒙蔽，这时作为一个保险销售员就应该积极主动地引导他们看到保险的长远价值，即保险对未知风险的保障作用。

3. 告诉客户退保将会带来的经济损失

一般按照规定，中途退保，客户得到的现金肯定会远低于所缴纳的总保费，直接造成他们在金钱上的损失和浪费。保险销售员还可以利用这一点说服客户自动打消退保的念头。

当然，上述这些都是临时化解客户退保异议的技巧，保险销售员若是不想碰到这样的麻烦，最好还是从源头出发，定期拜访客户，强化彼此之间的信任和联系，及时察觉客户对保险存有的异议，及时更正客户错误的想法，这样才能把退保异议消灭在萌芽之中。

规避错误

1. 告诉客户出事时保险就派上用场了

这样的话语有诅咒客户出事的嫌疑，碰到敏感的客户一定会雷霆大发，坚定退保的想法。因此，一个专业素养良好的保险销售员是绝对不会说这样的话的。

2. 直接批评客户的退保想法

有句话说得好，拳头收回来，打出去才更有力量。保险销售员在化解客户异议时需要懂得以守为攻、攻守结合的应对策略。与其直接下评论，对客户否定批评，还不如曲折迂回，以理服人，这样才不会使其产生对抗情绪。

3. 冷言冷语，伤害客户的感情

有的保险销售员在听到客户的抱怨时，会不咸不淡地说一句"您这样说，我也没办法"。殊不知，这样的话很容易伤害客情关系，加速其退保的步伐。

口才训练 4：投保时间太长，我坚持不下去了

客户："投保的时间太长，我快要坚持不下去了。"

保险销售员："您坚持不下去是因为经济压力，还是有其他因素，您方便详细解释一下吗？"

客户："当然经济因素是最主要的，每年需要缴纳五六千块钱，这可是一笔巨大的开支啊！"

保险销售员："人们常说，付出和收获是呈正比的。您所投保险的期限越长，将来得到风险保障的时间就越久。现在您感觉支付保费尚且吃力，若是要自己承担全部风险，那么所承受的经济负担岂不是将您压垮了？"

客户："你说得也对，可我就是觉得有些承担不起了。"

保险销售员："在这个快节奏的社会里，生活压力我也能感同身受！不过我还是衷心地希望您能够继续投保，因为这样才能有效地规避风险，才能够保证您长久地享受高品质的生活！"

一般来讲，投保行为一旦开始就会持续十年二十年之久。高额的保费和漫长的保险期限让很多人渐渐丧失投保的决心。当客户对这种马拉松式的投资发出抱怨时，保险销售员应该如何强化客户继续投保的信心呢？

口才训练中保险销售员首先用一种请教式的口吻弄清楚了客户坚持不下

去的原因，其次从客户担心的投保费用入手加以引导，让客户跳脱其原来认知的局限，使其逐步认知到保险期限长的优势和必要性。当然，销售员除了用实实在在的理由转换客户的观念之外，还不忘说一些安抚客户情绪的话，比如"在这个快节奏的社会里，生活压力我也能感同身受！"这样有共鸣的语言容易赢得客户的认可和好感，同时更容易让客户回归理性，从而继续坚持投保。

口才训练要点

对于保险期限较长的险种，客户失去续保的耐心也很正常。问题的关键是，保险销售员要懂得及时地劝导客户，让他们"重温"保险的重要性，从而化解客户的牢骚抱怨，重拾续保的信心。

1. 用积极热情的语言加以劝导

有人说，兴味盎然是生活玄机，热情有劲是工作哲学。这样积极乐观的工作态度值得每一位保险销售员拥有。在面对客户的抱怨时，在面对客户坚持不下去的沮丧时，销售员一定要以热情开朗的服务态度和积极耐心的言辞加以引导。只有客户感受到你的一腔热血和谆谆善意，才能重新树立继续投保的信心。

2. 把话说到客户的心坎里

恰当的表达方式可以给客户吃一颗定心丸，进而有助于销售朝着预期的目标顺利进行。一般来说，与客户聊保险的保障作用，保险期限长的优势等内容，更容易赢得客户的信赖。

3. 告诉客户投保的时间和受保障的时间是呈正比的

正所谓，尺有所短，寸有所长。任何事物都具有两面性，别看有的险种保险期限长，可它的保险服务时间也会随着保险期限的增加而增加。所以销售员需要让客户认识到这一点，这样客户才能对保险期限有一个全面而理智的认知，不至于一时冲动做出退保的行为。

4. 用形象的比喻加以引导

比如，"您的不容易，我感同身受。不过宝剑锋从磨砺出，梅花香自苦寒来。咱们为了追求高品质的生活，咬咬牙还是值得的。您看买一套房子，还需要不间断地还 20 年房贷呢！美好的东西总是需要花费足够的时间和精力才能获得！您说对吧？"这样以还房贷做比喻有利于鼓励客户继续坚持投保。

规避错误

1. 告诉客户忍几年就过去了

这样的话并没有多少说服力，客户也不会为此而停止内心的抱怨和不满，所以销售员还是不要说这些不起任何作用的话。

2. 质问客户别人怎么能坚持下去

这样的话无疑是引燃客户愤怒的导火索。客户需要的是理解和体谅，而不是说教式的责难和批评，所以销售员千万不要自以为是地说这样的话。

3. 劝客户慢慢坚持下去

这样敷衍的回答并不能真正打消客户心中的顾虑。销售员只有感同身受地站在客户的立场上加以引导，说服效果才会明显一些。

口才训练 5：长期联系，节日电话别忘了问候

口才训练

保险销售员："（拨通电话）请问您是张先生吗？"

张先生："是啊，你是哪位？"

保险销售员："我是××保险公司的李磊，就是上次为您办理保险业务的那个小李，您还记得吗？"

张先生："哦，原来是小李啊，你找我有什么事情吗？"

保险销售员："新年即将到来，我提前给您拜个早年，衷心祝您在新的一年里，心顺，意顺，事业顺，前程顺，一顺百顺！"

张先生："谢谢！谢谢！小李啊，你有心了。张大哥也祝你在新的一年里，工作顺利，财源滚滚！"

保险销售员："非常感谢您的祝福！在新的一年里，我们会一如既往地给您提供更为优质完善的服务！您以后在生活中遇到什么问题，记得随时电话联系我哦！"

口才训练解读

人们常说，亲戚越走越近，朋友越走越亲。其实不仅是亲戚朋友，客户也需要多联系，联系的次数多了，人与人之间的关系自然就熟络了，感情也就积淀起来了。因此，不论是老客户还是新客户，保险销售员都应该懂得用电话这一工具联络客户的感情，培养客户的忠诚度。

尤其是到了节假日，祝福语更是传递感情、增加情谊的一个传送带，销售员一定要利用好节假日这个机会，给自己的客户送上节日的祝福。客户在感受你温暖祝福的同时也会增加对你的好感度和信任度，这样你的客源便越拓越多，合作机会也会纷至沓来。口才训练中销售员就很好地利用了新年的祝福语增进了与客户之间的感情，从而为客户的再保险和转介绍奠定了良好的基础。

口才训练要点

如今，中国人所过的节日不仅仅局限于"春节""元旦""元宵""清明"等传统节日，"世界和平日""国际护士节""教师节"等节日也纷纷走进了老百姓的生活。仔细算来，一年 365 天有 1/3 的时间和节日有关系。

在如此频繁的节日黄金时段，很多商家别具匠心，创意营销，对消费者进行疯狂的广告轰炸，并且取得了很多的宣传和销售效果。对此，保险销售员也可以从中借鉴一二，利用节假日巧妙地进行情感营销，既可加深与客户之间的感情，又自然而然地宣传了自己的产品，还能在客户的心中留下一个专业良好的职业形象，正可谓一举多得！

保险销售员在电话送温暖的过程中，既可以为客户送上节日的祝福语，也可以借助这个机会为客户推荐新的产品和服务，还可以趁机向客户传递最新的保险讯息，当然通过电话配送节日温馨小礼物也同样可以为客户送去暖暖的关怀。日本"保险销售女神"柴田和子就喜欢为成交的客户送一只火鸡，因此被大家亲切地誉为"火鸡太太"。

规避错误

1. 电话问候语调平平

礼物不在于大和贵重，而在于是否能够表达自己的真情实意。有些保险销售员不善于表达，更不注重说话的语气，因此把温馨友好的节日祝福说得干巴巴的，丝毫流露不出一点个人的感情，这当然也起不到传达情意的效果。

2. 电话问候不流畅

保险销售员利用电话传递温暖时也要事先做好准备工作，该说什么，不该说什么，一定要事先心里有数，否则磕磕绊绊，会影响客户的感知程度。

3. 电话问候不选择合适的时间

虽然说节假日正是人们休闲娱乐的黄金时段，但是保险销售员也要把握好通话的时间，如果选择客户吃饭或者休息的时间打扰难免会惹得客户厌烦。

口才训练6：做客户的生活"顾问"

口才训练

客户："李慧，我是张××，曾经在你那里买过一份养老保险，还记得吧。"

保险销售员："张姐，当然记得了。请问您找我有什么事情吗？"

客户："春天来了，天气也暖和了，我想带着我女儿出去走走，你知道×市有哪些地方适合踏春？"

保险销售员："这您可问对人了，哈哈，我已经在×市生活了20年了，对这里再熟悉不过了。如果您要踏春的话，我建议您去××景区，那里一到三四月份，桃花、杏花相继开放，粉嫩嫩一片，在满山绿色中显得娇艳好看，花香阵阵扑鼻而来，我保证您去了流连忘返，陶醉其中。具体的乘车路线是这样的……"

客户："哦哦，好的，你还有其他推荐吗？"

保险销售员："嗯，当然有，××公园也是一个不错的选择。那里的海棠花尤为好看，到了4月上旬，各种海棠花竞相开放……（景物详述）记得到那里最好自驾游，因为景点距离公交站还有很长的一段路呢！"

客户："好，好，非常感谢你提供给我这些信息。那我这几天好好准备准备，周末带着家人一起去。如果你有空也可以一起来！"

保险销售员："谢谢了，这次不行了，我手头还有一些紧急的事情需要处理。下次吧，咱们选择一个合适的时间一起感受感受大自然的美好。"

口才训练解读

保险销售员要想和客户联络好感情，最重要的一个方法是扮演好客户的"顾问"角色。客户在生活中如果碰到疑难困惑，保险销售员应该第一时间提供有效的解决措施，久而久之，双方的距离感就会在无形中消失，甚至还可以发展为无话不谈的好朋友。这样保险销售员便可以用这份情感营销的友谊网罗到更多保单。

不过需要注意的是，销售员在帮助客户答疑解惑时一定要有丰厚的知识积淀，否则无法取信于客户。比如，口才训练中的踏春景点推荐，如果销售员对×市的景点一无所知，自然也就无法成为客户的好"顾问"。

口才训练要点

保险销售是一个交际极广的职业，什么职业的客户都会接触到，因此要想当好客户的"顾问"角色，一定要博闻多识、博物通达，否则无法真正有效帮助到客户。俗话说，万丈高楼平地起。销售员要想拥有上知天文、下知地理的睿智和渊博，就得有丰富的信息来源，就得有日积月累的知识积淀。可以说知识积累是做好客户顾问的基础。

通常来讲，保险销售员获取知识的途径是多种多样的，报纸、杂志、电视、网络无时无刻不在传递着新的信息和知识，销售员需要通过自主学习获得。当然了，除了这些渠道，销售员还可以通过与他人交流，参加培训班、各种聚会、展销会、论坛等获得学习机会、丰富知识。有了这些丰厚的知识积淀，销售员便有了与客户开怀畅聊的谈资，当然也便有了增加感情、促进信任的机会。

规避错误

保险销售员在担任客户"顾问"时一定要实事求是，切不可不负责任，歪曲事实，更不可以不懂装懂，兀自逞强。要知道任何的虚伪和谎言都经不起实践的检验，保险销售员若是为了一时的口舌之快说了一些有违客观实际的说辞，必将受到信誉的损失！